互联网+时代
中小微企业
转型升级路线图

赵 强◎著

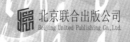

北京联合出版公司
Beijing United Publishing Co.,Ltd.

图书在版编目（CIP）数据

互联网＋时代：中小微企业转型升级路线图 / 赵强著.
— 北京 ： 北京联合出版公司，2016.1

  ISBN 978-7-5502-6540-0

Ⅰ．①互… Ⅱ．①赵… Ⅲ．①互联网－影响－中小企
业－转型经济－研究－中国②互联网－影响－中小企业－
企业升级－研究－中国 Ⅳ．① F279.243

中国版本图书馆 CIP 数据核字（2015）第 260143 号

互联网＋时代：中小微企业转型升级路线图
作　　者：赵　强
选题策划：北京时代光华图书有限公司
责任编辑：张　萌
特约编辑：太井玉
封面设计：新艺书文化
版式设计：曾　放

北京联合出版公司出版
（北京市西城区德外大街83号楼9层　　100088）
北京嘉业印刷厂印刷　　新华书店经销
字数114千字　　787毫米×1092毫米　　1/16　　印张11.75
2016年1月第1版　　2016年1月第1次印刷
ISBN 978-7-5502-6540-0
定价：45.00元

目录

互联网改变了我们的生活，也正在改变着企业的生存模式。

2015年李克强总理在"两会"期间的《政府工作报告》中，将"互联网+"提升至国家战略层面，提出制订"互联网+"行动计划，推动移动互联网、云计算、大数据、物联网等与现代制造业结合，希望通过互联网+推动全产业的改造与升级。

这意味着，互联网+已经不再是一个概念，而是真的"狼来了"。张瑞敏有一句话很经典："只有时代的企业，没有成功的企业。"新的时代来了，每家企业所能做的就是改变自己，拥抱时代。面对互联网+，大企业纷纷忙着转型，资金、技术、实力各方面都有限的中小微企业该何去何从？

首先，意识要超前，应以一种开放的心态拥抱互联网+时代。要认识到，互联网+不是大企业的专利，中小微企业也可以融入。中国拥有数量庞大的中小微企业，只有中小微企业也实现了互联网模式下的产品创新、商业模式变革、管理升级，产业的全面互联网化才能得以实现，互联网+战略才能有效落地。同时，要深信，小块头也有大智慧，通过互联网+，中小微企业也能变得更加智慧。

其次，行动要稳当，既不能等，也不能急。要认识到，互联网+不是神话，也不是孙悟空脚下的筋斗云，一踩上就能腾飞。学我者生，像我者死。不是每家企业都能成为小米，也不是所有的企业都能够做得了大数据。正如电影《让子弹飞》中的那句经典台词："步子太大了，容易扯着蛋。"拥抱互联网+，中小微企业应该把眼光放长远点，明白自己需要的才是最重要的，一定要循序渐进，一步步根据企业的需要来做。

互联网+中小微企业，不是"传统业务+互联网"，也不是"互联网+传统业务"，而是企业在信息化的基础上与互联网深度融合。

其实，这个过程所要面临的考验，对于大企业与中小微企业来说都是一样的。举个例子，海尔对互联网转型的探索持续了三四年时间。直到前段时间，张瑞敏才敢出来说，互联网企业绝不是简单的"油水"，油很好看，漂在上面闪闪发光，但是水和油是分离的。利用互联网技术和手段，与用户零距离接触，才能真正达到水乳交融。

他举了一个例子，海尔物流管理车队以前是人工派活，现在改成ERP系统派活。这不是互联网，这只是信息化手段，而且也没有互联网的成分。海尔需要颠覆整个传统流程，去中心化、去中介化，让用户直接上系统抢单，车队和用户直接沟通。可问题就在于，如何在去中心化、去中介化的同时还能保证企业不断地壮大。可见，海尔这么大的企业在互联网+过程中都步履维艰,更遑论中小微企业了。

与大企业不同,中小微企业本身都有自己的各种短板,"健康指数"普遍偏低,抗风险能力普遍偏弱。在底子这么薄的情况下,一定要找到适合自己的低成本、高效率的互联网+转型方案。

在这本拙作里,笔者立足中小微企业的切身状况,以最接地气的方式探讨中小微企业最关心的话题:

对中小微企业而言,互联网+究竟能带来什么突破机会?

如何在与大企业竞争的同时有条不紊地搞互联网+?

如果没有能力借助自有的互联网平台进入产业互联网,有什么好的办法迎接这个时代的到来?

互联网+是否适合每一个行业? 如何实现产业与互联网的有效结合?

人才市场在大环境下也跟着变得躁动、冒进、浮夸,高薪未必高能力,中小微企业如何应对技术人才的泡沫化?

中小微企业如何在生产制造层面实现互联网化,如何依靠低成本实现以智能制造、大数据、物联网为特征的制造?

互联网+只是一种手段,只是一种新的科技形式,云计算、大数据、物联网、移动互联网、人工智能这些新概念的背后,是成本、是智慧、是眼光、是工程、是渗透……最后,笔者要给广大中小微企业提个醒: 千万别逐末忘本,在互联网升级过程中,不要忘了首先要做好自己。

共同的迷茫：
互联网+时代中小微企业面临的挑战

如今，互联网浪潮正迎面而来，乘风破浪者将一日千里，故步自封者必然被淘汰。有专家预言：在不远的将来，互联网会作为一种工具，给每个行业带来效率的大幅提升，身处其中的每个产业都难以避免。互联网革命离我们并不远，它已经登堂入室了。

狼来了：互联网+已写入国家战略

2015年3月，在十二届全国人民代表大会第三次会议上，国务院总理李克强指出要制订"互联网+"行动计划，推动移动互联网、云计算、大数据、物联网等与现代制造业结合，促进电子商务、工业互联网和互联网金融健康发展，引导互联网企业拓展国际市场。腾讯总裁马化腾进一步提出了将互联网+上升为国家战略的提议，在这次会议中，互联网+首次被写入了《政府工作报告》。

第一次工业革命后，蒸汽机的发明将工业化生产带入了各个领域；第二次工业革命后，电力的使用让人们的生活发生了翻天覆地的变革；第三次工业革命后，信息技术的应用让生产效率得到了数倍的提升；现在正处于第四次工业革命的爆发阶段，互联网的深入普及将带领我们全面进入智能化社会。

对于目前的互联网技术革命，马云认为这对人类社会的影响之大将超出大家的想象，"未来的制造业会发生巨大变化，未来的机器会思考，未来的机器会讲话，未来的机器会交流，未来的机器会想象，这是我们在未来三十年，这个世界会面临的巨大变化"。

互联网革命浪潮迎面扑来，乘风破浪者将一日千里，故步自封者必然被淘汰。目前，以马化腾、马云、雷军、李彦宏等为首的互联网行业大佬们已经在摩拳擦掌、积极布局，相比之下，不少传统中小微企业却有些迟钝，甚至陷入了错误的认知中。

错误一：我做的是传统产业，互联网离我还很遥远

不少传统的中小微企业认为，自己跟热炒的互联网企业不同，做的是传统产业，互联网跟自己没有直接关系，离自己还很遥远。可现实如何呢？

2012年，全国重点大型零售企业零售额同比增长10.2%，增速较2011年大幅放缓11.5个百分点，创下1999年以来的最低点。外资零售企业沃尔玛、家乐福、乐购在内地开店速度同比平均降低27%，且都出现了关店现象，沃尔玛一度在华关闭11家店面。

目前，电商已经冲击了零售业，即时通讯冲击了通讯业，自媒体冲击了纸媒，互联网金融想抢银行的饭碗，从零售、金融、家电、汽车，到农业、房地产、旅游、制造，各个行业都在因为互联网发生着改变，而这些变化就在我们身边，衣食住行、吃喝玩乐，几乎所有的传统行业都避无可避，那些说互联网还遥远的人无异于自欺欺人。

刘经理从事家居行业已经有十多年了，自从2013年开始，他就感觉销售压力越来越大。按照惯例，家居行业的节假日促销会引发销售高峰，可近年来，节假日的客流量也很难保证。原来，随着家居电商、线下团购的影响力越来越大，消费者越来越倾向于这两种购买方式，逛家居市场的人越来越少了。家居市场销售额提不上去，反而要面临房租上涨、人员工资上涨的压力，日子当然不好过了。

刘经理的身上有着无数传统中小微企业的影子。

有专家预言：在不远的将来，互联网会作为一种工具，给每个行业带来效率的大幅提升，身处其中的每个产业都难以避免。互联网革命离我们并不远，它已经登堂入室了。

> 在不远的将来，互联网会作为一种工具，给每个行业带来效率的大幅提升，身处其中的每个产业都难以避免。

错误二：我使用了官网、微信等互联网工具，已经做到了与社会形势接轨

这里我们需要重申一下互联网+的概念，所谓互联网+，就是"互联网+各个传统行业"，这里的"+"，不仅是技术上的"+"，更重要的是思维、理念、模式上的"+"，传统行业需要利用信息通信技术及互联网平

台,让自己与互联网进行深度融合,从管理与服务模式等方面彻底变革,创造新的发展生态。

而不少传统中小微企业的惯常做法是"+互联网",也就是仍然坚持以传统产业为主体,只是把互联网当成营销工具、传播工具,互联网对他们来说,是处于被动或者可选择的状态,可以利用,也可以不用,为了省钱就用,要钱烧的时候就不用。

一家成立仅五年的互联网公司只推出几部智能手机就能够超越众多传统手机厂商,小米的成功秘诀在哪里呢?看起来,小米的成功一目了然。它通过超低价格高配置的手机吸引用户的关注,它在自己的官网上卖手机节约了渠道成本,它让用户参与产品研发增强用户体验。小米成功后,市场上涌现了不少学习小米的厂家,却纷纷落得个邯郸学步的下场。他们也推出低价机,却往往无人问津;他们也利用自己的渠道卖产品,往往销量可怜;他们也让用户参与研发,结果却是无人参与。

所谓互联网+,就是"互联网+各个传统行业",这里的"+",不仅是技术上的"+",更重要的是思维、理念、模式上的"+"。

雷军曾犀利地指出："现在有不少人号称要学小米，但大多还只是在模仿某一方面。"小米为何难以超越呢？雷军这样解释："小米靠硬件搭平台、靠互联网增值服务获取利润的商业模式是独树一帜的。在所有创新之中，商业模式创新属于企业最本源的创新。离开商业模式，其他的管理创新、技术创新，都失去了可持续发展的可能和赢利的基础。"

也就是说，传统企业企图通过引入互联网工具就紧跟互联网潮流是不太可能的。互联网时代，传统企业面临的是思维和理念的彻底颠覆、模式和管理的从头创新，猛烈的刺激才能为自己赢得生机。

历史上，任何一次大机遇的到来，都会对行业进行重新洗牌，失败的人必将经历四个阶段："看不见、看不起、看不懂、来不及"，而成功的做法是第一时间对新的机遇学习、吸收、转化、融合。

互联网的迅猛发展必将不断跃上新台阶。互联网来了，你准备好了吗？

最好的创业时代，也是最坏的创业时代

创业的黄金时代来了！

马云的一句"梦想还是要有的，万一实现了呢"牵动了亿万有志之士的心，随着互联网+时代的临近，社会各界一致认为，中国的第四次创

业浪潮来了，并且这次创业浪潮有着中国近十年来最好的创业环境。

创业的有利条件

首先，现在的创业者迎来了史上最好的创业政策支持。李克强总理在2015年《政府工作报告》中多次提到"创新""创业"，还专门提到"大众创业，万众创新"。政府旗帜鲜明地支持创业者，各项支持政策也纷纷出台。

2014年年初，修改后的《中华人民共和国公司法》开始实施：以后1元钱就可以注册公司；申请时无须硬凑资本，只要诚实承诺；松绑公司登记，不需要提交验资报告。创业门槛降低，创业手续也简单了。入驻中关村创业大街的不少创业者就享受到了手续简便的福利，把材料一股脑儿地交给创业大街工作人员，不需要自己花时间和金钱跑手续，也无须担心被骗。

其次，现在的创业机会遍地即是。移动互联网创业的热潮来临以后，BAT巨头（即百度、阿里巴巴、腾讯）是大象，但大象永远踩不死蚂蚁，大象不是所有活都干得了。衣食住行、生活服务类O2O创业机会太多，创业者只要找到足够细分的市场，发现客户刚需，就一定会找到突破点。

滴滴、快的等打车软件的问世打破了之前较为封闭的出租车市场，让出租车市场更加多元化；支付宝、财付通等在线支付的广泛应用打破了银行一家独大的金融市场，使金融行业百花齐放，百家争鸣……政府的多项政策支持，再加上互联网+的推进，市场上涌现出了更多的机会，促生了不少新行业。

李京川曾做过多年硬件行业，2015年春节前，他注册成立了一家洗衣公司，名为"懒人帮洗衣"。他在电脑平台端创办了网站，又在手机平台端申请了"懒人帮洗衣"微信公众号。消费者可在线下订单、结算，公司免费上门取送衣服。为增加趣味性，他打破传统洗衣按件计费模式，洗衣论斤称，按重量计费。这种模式目前在国内是第一家，在以前是难以想象的，现在因为互联网的成熟走进了现实。

最后，创业者最头疼的资金问题不再是难题。由某专业机构出具的一份调查资料显示，2014年互联网领域的投资金额达到77亿美元、投资案例达到1500家左右，而2002年时这两个数字还不到现在的10%。2015年，整个互联网投资市场仍旧异常火热。

IDG资本创始合伙人熊晓鸽说："对我们这些做投资的人来说，怎么把民间和政府的钱用到最好的领域中去，用到成长最快的企业中去，这对我们既是机会也是挑战。"像熊晓鸽一样，现在的中国投资领域有不少投资者拎着钱袋子四处寻觅着创业项目。只要是有发展前景的好项目就不愁得不到资金支持。

政府大力支持创业，为创业者提供了大展拳脚的政策；创业的机遇几乎俯拾即是，而且门槛也在不断降低；创业资金不再是问题，北京的孵化机构现在正以每月一家的速度开业……政府、投资者、创业服务机构等纷纷发力为创业者们备足了"弹药",与上一代创业者夹缝中求生存不同,这一代创业者的确是迎来了最好的创业时代,创业大门向他们打开,只要敢想、敢做,就有人为其加油助威。

雷军说:"只要站在风口,猪也能飞起来",互联网的风口已经向创业者打开,可现实却没有想象中的那么理想,一飞冲天更多的是神话。

《互联网+兵法》一书中提出了目前市场竞争的三大丛林法则:

可能性法则:小的颠覆大的,弱的颠覆强的,外行颠覆内行,免费颠覆收费,草根逆袭、小微逆袭都成为可能。

乱拳法则:乱拳打死老师傅。不按常理出牌,改变游戏规则,乱中取胜,往往歪打正着。

快鱼法则:快鱼吃慢鱼。互联网与工业革命的不同点之一是你不必占有大量资金,哪里有机会,资本就会在哪里重新组合。速度会转换为市场份额、利润率和经验。

与之前弱肉强食,即"大鱼吃小鱼,小鱼吃虾米,虾米吃淤泥"的竞争法则相比,无疑现在的市场竞争更加激烈,也更加没有规律可循,没有模式可以参考。它带给个体和中小微企业实现自我的机会,也需要整个社会创新精神的苏醒,而缺乏创新者的道路将非常艰难。

以淘宝开店为例,不少人听别人说开淘宝店铺很赚钱,便在没有任何专业知识、没有好的创业思路的情况下纷纷加入淘宝大军,结果很快满腔的创业热情便被现实打击得凋零了。要知道,现在不少淘宝商品的零售价格比批发市场的进货价都要低,淘宝的竞争是非常残酷的。搞价格战，你扛不起；搞差异化，你找不到，纵有满腔热情又有什么用呢！

创业的不利现状

据统计，目前创业的失败率高达90%以上。这是最好的创业时代，也是最坏的创业时代。如今的互联网+市场，不再是仅有一个新鲜的idea就可以加入战局，整个市场日趋饱和，如何组建精英团队，如何在纷杂的融资泥淖中抓住投资人的眼球，让项目在初期活下来以后，如何面对行业巨头的竞争，如何继续生长，这些都是难题。

李开复在他的新书《向死而生》中，总结了导致创业失败的10类原因。

市场需求不足

一个医疗APP的创始人这样描述："我意识到实际上我们没有客户，因为没有人对我们开发的产品感兴趣。医生需要更多的病人，而不是一个效率更高的办公室。"40%失败的创业公司出现过这个问题。创始人执着于执行自己的创意，却没有弄清楚创意是否符合市场需求。

心态浮躁，甚至只是为了钱而创业

这样的创业公司会缺乏信念、耐心，经受不住诱惑和寂寞，甚至急于卖掉自己的公司以套现。以赚钱为唯一目标的创业者很难在创业中胜出。

团队缺乏信任和能力的互补

创业团队如果由2~3个彼此信任、有默契、价值观相同且能力互补的创始人构成，则可以在创业之路上彼此扶持，提高创业的成功率。需要提醒的是，为避免未来发生矛盾，创始人之间需要尽可能熟悉彼此的价值观和能力特长，并且在创业之初就谈好利益分配。

不了解国家的有关规定

国家规定许多行业是不能由私营业主经营的。也有一些行业原先允许经营，因政策改变而受影响，甚至会无限期对某个行业进行停业整顿，等等，这些创业者都要了解清楚。

产品淘汰率太高

通常针对年轻人的流行产品都是寿命很短的，创业者一定要摸清这个规律。当某个流行产品大行其道的时候，你再去投资想分一杯羹时就要特别小心，可能你的新产品上市之时，也就是该产品不再流行之时。

忽视法律风险

一般来说，创业团队最主要的法律风险是公司缺乏相应的规章制度，比如签订合同的流程是什么，不同级别的员工的签字权力怎么分配，等等。大企业因为有自己的法律顾问，一般都有非常严格的规章制度，然而聘请法律顾问，一年2万~10万元的支出并不是创业公司能承受的，这需要创业公司考虑如何平衡规避法律风险和省钱。

管理者知人而不自知

看别人总是头头是道，却不能清楚地认识自己，总是被过去的成功冲昏头脑，不能清楚地知道企业接下来该做什么，该坚持什么，要改变什么，怎么创新和固守，导致企业无法长久生存下去。

习惯性信用缺失

很多企业败在了信用上。俗话说诚信为本，在商场，信用是非常重要的，切不可因利益而放弃了诚信。

内耗

不管企业大或小，都不可挑起员工内斗，不然最后受损失的一定是企业，因为内斗会散失企业的效率和凝聚力。企业关系一定要和谐，可竞争但不可斗争。

资金链断裂

许多人在创业之初并没有考虑到流动资金的重要性，在没有足够的流动资金的前提下贸然创业。结果，很多企业在经营不是很顺利，需要坚守一段时日时，因为没有充足的流动资金而不得不提前关门。如果创业者在创业时没有充足的流动资金能维持半年以上的运作，最好不要轻易去创业。

对不少创业者来说，与其说是创业，其实更像是赌博，头脑一热就不顾前后地冲了进去，结果输得精光。创业不应跟风，也不应只看到创业造福的光环，忽视创业者背后的各种艰苦努力和韧劲。伟大更多是熬出来的。无论身处多好的创业环境，都不能妄求轻轻松松就能成功。

怎样创业才能成功？

那么，创业成功的DNA有哪些呢？创业人士可以比对一下自身，再行动。

第一，创业者一定是一个好领袖

管理学大师熊彼特说过，所谓企业家精神就是要有首创精神，要有成功欲，要有冒险精神，要以苦为乐，要精明理智，要有事业心。除此之外，要想成为一个能充当"引擎"作用的团队领袖，创业者还要是个造梦高手。

一个成功的领袖什么都可以比员工差，有两样不可以比员工差，那就是梦想和胸怀。在创业之初，任正非对下属说："以后买房子客厅可以小一点，卧室可以小一点，阳台一定要大一点！"在场人就纳闷：为什么阳台一定要大一点呢？任正非笑道："因为十年后你们都没有事干了，在没有事干的时候可以把钱拿到阳台上晒一晒！"

阿里巴巴创立之初，马云发不出薪水时，却对所有人说："我们要办的是一家电子商务公司，我们的目标有三个：第一，我们要建立一家生存102年的公司；第二，我们要建立一家为中国中小企业服务的电子商务公司；第三，我们要建成世界上最大的电子商务公司，要进入全球网站排名前十位。"当时的马云，要钱没钱，要资源没资源，连工作的地点都安在了家里，可他却给了所有人一个清晰的"未来"。这就是创业者的成功DNA。

第二，创业者要有一个清晰的商业模式

创业的根本，不在于知识，也不在于能力，而在于一种商业意识和商业思维。而商业意识和商业思维通常只存在于成功创业者的脑海中，是我们通过学校教育、企业工作和日常交流难以接触与学习到的。

在创下一个又一个销售奇迹后，不少竞争对手开始学习小米，小米会不会被赶超呢？对此，雷军说："这两年小米已经受到过几轮冲击了，去年是互联网公司的围剿，他们纷纷进入智能手机行业；今年下半年受到了传统手机公司的围剿。我认为，如果他们只是学战术，没有植入互联网思维，效果不大。"在小米创立之初，雷军就对小米做出了规划："小米的商业模式不以手机赢利为目的，以互联网的商业模式，先积累口碑建立品牌，继而把手机变成渠道，通过服务和软件实现赢利。"而这一模式是小米奇迹的根本，也让小米保有竞争优势，不怕别人模仿和学习。

第三，创业者要做好跌倒爬起再跌倒的心理准备

创业者前期经常会走弯路。因为走弯路，很多创业者都坚持不到"柳暗花明又一村"那一天。这也是创业失败率居高不下的一个原因。

虽然现在的创业环境不错，可真正拿到风投的企业也就占千分之几，能运作上市的企业也就占万分之几。创业成功是小概率事件，创业失败却有多种理由，创业者不要幻想电视剧中的戏剧情节会发生在自己身上，提前做好资金储备、脚踏实地地做好市场、用心经营人才和产

品，危机发生时，不屈不挠，冷静应对，这样才有成功的可能。

线下，赚钱越来越难

2013年上市零售企业的上半年业绩报告显示，一半超市的利润增幅出现了下滑。其中永旺和卜蜂莲花分别亏损2634万港元和4674万元（人民币）。华润万家、京客隆、宁波三江等企业的利润增幅均出现了不同程度的下滑，其中华润万家上半年利润下滑幅度达到了63.7%。

2013年7月21日，李嘉诚决定出售旗下连锁零售企业百佳超市。百佳超市在香港的市场占有率为33%，是拥有40年历史的老品牌。李嘉诚放弃这样一个具有领导地位的企业，是基于怎样的战略考虑呢？虽然外界有诸多猜测，但李嘉诚很坚持"卖百佳纯粹是出于商业考量"，据了解，百佳多年赢利乏力，导致其成为拖累和记黄埔有限公司的后腿，已经成为不折不扣的鸡肋。

线下生意赚钱越来越难了，李嘉诚这样的大咖感受到了，中小微企业主们更是感慨良多：

"我在三线城市开了一家知名女鞋品牌店，日子太难了！

1. 女鞋的牌子太多了，竞争太激烈了！

2. 房租费用太高了，尤其是好的地段！

3. 服务员的工资越来越高了，并且越来越难留得住了！

4. 电费、水费，每月得几千元，尤其是冬夏季节必须开空调，吹出来都是钱！

5. 国税局、地税局……要交的各种税费一大堆！

6. 最重要的是有一个无形的竞争对手——网购，看得见摸不着，但是它的杀伤力太惊人了！经常有顾客来我店里试鞋，试穿了半天，消失了，回头来我的店里告诉我：我在网上买的比你这便宜一百多！我不贵一百多，我怎么生存啊！"

某女鞋销售商的心声反映了大部分线下中小微企业的生存现状。与线上销售相比，线下销售价格更高、选择较少、服务态度差、售后服务不佳，网上购物的无理由退货、送货上门、免费包邮政策一出，线下不少客流动摇了。更重要的是，线下实体店的成本居高不下、管理愈发艰难，也难怪线下的日子越来越不好过。

国内整体经济增速变缓，再加上电商等新商业模式的争夺，零售企业面临着严峻的考验，有专家预测，实体零售业将在新一轮的竞争格局中洗牌。一方面，整个行业将进入长时间的微增长期，甚至未来还会出现负增长现象。另一方面，强者愈强、弱者愈弱，综合实力强的企业无论是业绩增长，还是总体规模，或者营销、创新、精细化、流程管理及抗风险能力，都有更多优势，而弱小企业很难在竞争中胜出，将面临被淘汰的命运。

在电子商务潮流的冲击下，文具、图书、服装及电子产品的传统零售商们的生存越来越艰难。当然，受影响的不仅仅是线下的零售商，互联网的冲击也牵涉我们生活中的方方面面。

2014年，据统计数据显示，教育行业相关融资案例超过100起，其中绝大多数发生在互联网教育领域，传统教育领域融资案例屈指可数。互联网对线下传统教育的冲击并不仅仅体现在资本层面。在互联网教育迅猛发展的势头下，传统教育业务增长越来越艰难，自身存在的成本高、招生困难等问题越来越凸显。

2012年以前是线下教育的黄金扩张期，其中新东方在2012财年里一度扩张了177个学习中心。2012年以后，随着互联网+的推进，各教育巨头的线下扩张步伐明显减缓。

国内第二大教育企业好未来公布的截至2015财年第三季度财报显示，净营收同比增长35.1%、净利润同比下降12.4%。而新东方发布的2015财年三季度财报更有意思，学习中心总数与上一财季相比增长22家，在线业务营收占比由2%增至5%。这些数据清晰地反映出，教育行业的线下业务增长趋缓、线下扩张乏力，线下教育呈现出向线上扩张的趋势。

事实也的确如此，新东方此前曾在多种场合公开提出在线教育转型之路，并喊出了改革口号，如今，这种改革终于体现在财报上，"2014财年，新东方在在线教育项目及相关研发上投入1000万美元，2015财年继续跟进在线教育领域的投资，预计投入2500万~3000万美元"。

结合近段时间先后释放出的信号，新东方在线业务的布局思路渐渐清晰：

布局一：新东方在线扛起改革大旗。

布局二：打通线下资源走O2O模式。

布局三：与互联网巨头跨界合作。

俞敏洪深知固守传统思路只是等死，唯有寻求变革，才有一线生机。线下教育向线上扩张，虽说是被互联网+逼出来的无奈之举，可俞敏洪已经看到，线上教育与线下教育的融合将拥有更广阔的市场前景。

> 线下教育向线上扩张，虽说是被互联网＋逼出来的无奈之举，可线上教育与线下教育的融合也将拥有更广阔的市场前景。

线上，赔钱给"马云们"打工

相较于店商的关店潮，电商的日子看似光鲜很多。2014年的"双十一"，天猫淘宝的全天成交金额达571亿元，交易峰值达285万笔/分钟，刷新了全球范围的网上零售纪录。京东、苏宁易购、唯品会、1号店、当当网也都在这天产生了惊人的成交量。可无数中小卖家却并不同意这个观点。

在淘宝卖家中，"出淘"这个词很火热。所谓"出淘"，对小卖家来说就是因为淘宝店的利润空间越来越小，这些人不得不关闭或者转让淘宝店另谋他途，在他们眼里，淘宝生意是"看上去很美，实际上很苦、很穷"。

在一家网站做设计的小丽辞职后，决定在淘宝上开一个卖服装的淘宝店创业。她倾注全部的时间和精力在这个小店上，可几个月下来，她统计了一下收入：总共做了200单左右的生意，每单所赚不过几元钱到几十元钱，加起来不到1万元，平均每个月不足2000元，这样的收入很难维持生活，最终无奈"出淘"。

小丽说，"不管你做什么，都会发现有一堆的人都在做，同样的网站模板，同样的图片，同样的进货渠道，你根本没有办法脱颖而出。"一个毋庸置疑的事实是，随着淘宝变得越来越大，越来越臃肿，越来越多的商城用户占据过多的资源，淘宝已经不是中小卖家的天堂。

除了小丽这种出单量上不去，生意难以为继的情况，还有一部分卖家，他们的出单量不低，可纯利却仍旧有限，原因在于淘宝平台虽然对公众是免费的，可是要想做好，每一步都需要掏钱开路。

首先是广告系统。淘宝网店的卖家主要靠"入口"吸引顾客，即靠搜索和广告等服务把顾客带到网店。自2008年9月开始，淘宝封杀了百度搜索，通过百度无法搜索到淘宝店家的信息，这样，留给网店的入口渠道就非常有限了，同时，淘宝正在把每一个入口资源都变现，因为供不应求，门槛越来越高，对于中小网商而言，已经没有机会了。

其次是增值服务项目。淘宝向卖家收钱的增值服务项目近20项，虽然每一项都是可选的，但有的服务商家却是不得不购买，比如，淘宝"旺铺"就是最常用的增值服务，非"旺铺"的版本图片小、界面差，很难吸引客户，而购买该服务则需要每月50元。除了"旺铺"之外，店铺如果要用自己的图片、自己的视频等，都需要付空间费。淘宝通过将模块分拆，零散地收费，店家往往一个月要承担几十元的开支。

另外，还有一个"消息通道"服务，淘宝在其中扮演了运营商的角色：卖家要向会员发送促销信息，每条消息需要付给淘宝0.02元。不过，即便交了每条0.02元的费用也不是谁都可以发消息，卖家还必须首先订购"会员关系管理"服务，该项服务每个季度90元。除了以上工具之外，还有一类数据分析工具，通过表格向卖家提供店铺流量、消费者信息、商品统计等，并分拆成不同的单元进行收费。

对于淘宝收费项目繁多的说法，淘宝公关部负责人表示，淘宝网绝不会放弃中小卖家，现在和原来不收费相比是显得多了，但如果要提供长期稳定的平台环境，势必要有一些收费项目来维持。事情都有个变化的过程。也许在未来，环境更加成熟，成本更加低廉，收费会降低。

总之，与前几年卖家凭借勤奋就能有所作为不同，随着各大企业进驻淘宝，随着淘宝的体量越来越大，中小卖家的机会越来越少，生意越来越难做了。在这种形势下，中小卖家往往付出很多，却是在为别人打工，对于他们来说，争取长大，形成规模上的竞争优势是必走的道路。

与"出淘"同样火热的是"微商"大军的涌现。随着微信逐步成为用户的个人生活消费、信息消费的最大出口，朋友圈功能的问世成了无数草根创业致富的沃土。

微信能同时满足产品导购与展示、社交分享、口碑传播、随时沟通、真人对话、信任建立、关系深化、直接支付等消费所需要具备的要素，不少厂家通过微信发展下线，只要有用户打款给下线，下线把进货款打到厂家账号上，厂家即为下线们发货到指定的用户手上。厂家们给下线的利润比较可观，一般在10%~30%之间。刚开始，普通用户们觉得新鲜好奇，比较容易促成购买，勤奋加好友聊天，设置漂亮头像，每月三五万元的流水，利润轻松过万元，门槛非常低。

经过短短一两年的发展，微商也越来越难做了。一方面，好产品难找，充斥朋友圈的各种产品来得快，去得也快，没售后保障，尤其是假货的出现，让人们对微商的信任度极速下降。另外，从事微商的聪明人越来越多，意味着微商正在成为智力密集型行业，对策划创意推广提出了更高的要求，没有及时捕捉热点因应市场动态顺时而变的能力，很难玩转复杂多变的微商。除此之外，对于厂家来说，微商对原有销售体系产生了很大的冲击，各种渠道的平衡成了难题，屡禁不绝的串货也让管理人员头疼不已。总之，受多种因素的影响，微商的拓展日益艰难起来。

绕不过的关卡，偏又没有闯关本领

"云计算"的落地，让用户根据自身的需求进行采购；"大数据"的精密利用，为企业的商业决策和精准营销提供了切实的依据；和智慧城市同行的"物联网"，轻松实现了物品之间的充分交流、透明管理。这些新鲜感十足的科技名词正以突飞猛进的速度带动着互联网+的发生和发展，这一趋势正在悄悄改变我们的产业结构与商业模型。

在互联网深入人们日常生活方方面面的今天，互联网和传统企业必然要发生化学反应，任何企业都要战战兢兢、如履薄冰。

对于中小微企业来说，要想生存下去，要想不被时代洪流淘汰，互联网化是绕不过的关卡，可他们向互联网转型的难度是非常大的。

对于地方传统行业的个体零售终端店铺及小微企业在面临互联网带来的挑战和机遇并存的时刻，我们面临的问题很棘手。如我就遇到过这样的麻烦，由于对互联网专业知识条款不是很精通，结果就上了那些本已先机占尽、玩弄文字游戏的技术服务提供商的当。

以上摘自某论坛的一个帖子，反映了中小微企业在互联网进程中的困难。与大型企业不同，中小微企业具有与众不同的商业模式和管理方法，充满进取精神、创新意愿，但其短板也是非常明显的：健康指数偏低、抗风险能力偏弱、精确化管理不到位等等。

工信部中小企业司启动了"中小企业信息化评估方法与指标体系研究"课题工作，全国范围内开展的问卷调查结果显示，在被调查的中小企业中，目前应用了云计算技术的企业占11%，应用了移动互联网技术的企业占91.3%，应用了大数据技术的企业占15%，应用了物联网技术的企业占26%，应用了3D打印技术的企业占9.2%。从以上数据可以看出，中小微企业中新一代信息技术的应用比例都很低。

中小微企业在互联网化的推进中，需要克服几个问题。

首先，从领军人物到关键岗位负责人，都要认识到互联网化的重要性。目前，有不少人认为互联网思维是运营团队的事儿，与老板无关。殊不知，互联网化的贯彻和执行，是企业商业模式的变革，只有老板意识到了，自上向下推进，才更容易成功。

其次，企业管理要做到互联网化。企

从领军人物到关键岗位负责人，中小微企业上下从意识上要认识到互联网化的重要性。

业经营管理要以数据为驱动，切实把数据资产重视起来。在营销领域，中小微企业要善于用互联网技术来发现需求、降低沟通成本，利用O2O来带给用户更好的体验，最大化地降低营销成本。在产品开发领域，中小微企业要以用户为中心进行产品创新，让用户积极参与到创新的全过程的快速迭代式创新中。在金融管理领域，中小微企业及个体工商户应规范地建账核算，对财务等经营数据进行整理分析，提高抗风险能力，并为企业日后的融资、贷款打下数据基础。

最后，中小微企业必须解决互联网人才难题。年薪20万元仅仅能聘到有一个项目经历的产品经理。某金融机构业务员转入互联网金融领域，平均每一个半月就跳一次槽，跳了三四次，最后他的月薪到了25000元。目前，互联网专业技术人才方面供不应求，人才泡沫显现，高薪低能的现象普遍，这增大了中小微企业的用人难度。一方面，他们请不起专业人才；另一方面，不称职的专业人才很可能把整个企业拖垮。

CHAPTER

2

固本正源：
随大流只会死得更惨

著名作家村上春树在他的作品《海边的卡夫卡》中提到这样一句话：大凡事物必有顺序。看得太超前了不行，看得太超前，势必忽视脚下，人往往跌倒；可另一方面，光看脚下也不行，不知道前面你会撞上什么。所以，要在适度往前看的同时按部就班处理眼下事物。这点至为关键。无论做什么，不能超前，不能止步。在变革时代,企业更需要注意把握"适度"的准则。

危险！一边倒向互联网+

有心理学家做过这样一个实验：在一群羊前面横放一根木棍，第一只羊跳了过去，第二只、第三只也会跟着跳过去；这时，把那根棍子撤走，后面的羊走到这里，仍然会像前面的羊一样，向上跳一下，这就是所谓的"羊群效应"，也称"从众心理"。羊群效应最早是股票投资中的一个术语，主要是指投资者在交易过程中存在学习与模仿现象，有样学样，盲目效仿别人，从而导致他们在某段时期内买卖相同的股票。

羊群效应也是管理学上一些企业市场行为的常见现象。它是指由于对信息了解不充分或缺乏了解，企业家很难对市场未来的不确定性作出合理的预期，往往通过观察周围人群的行为提取信息，在这种信息的不断传递中，许多人的信息将大致相同且彼此强化，从而产生从众行为。羊群效应是由个人理性行为导致的集体非理性行为的一种非线性机制。

随着移动互联网的爆发，越来越多的个人和企业把精力向移动互联网分流，站群、微博、微信、APP，不管行不行，有没有效果，先做起来才是"紧跟潮流""不落伍"。在这种状态下，不少企业跳入互联网的大潮中，却没能成为弄潮儿，反而被迎面的浪头拍得头昏脑涨。

某制香企业，产品以空气卫生香、祭祀礼佛用香为主，经过近三十年的发展，企业规模和市场占有率都做到了行业第一。随着互联网大潮越炒越热，企业老板杨总坐不住了，他拍拍脑袋说，咱们得跟得上潮流，不能落伍。于是，企业投入了1000万元用于互联网营销，不仅包括传统互联网营销，CPC、CPM、CPS、CPA、SEM、软文广告等，还包括移动互联网营销，比如微博、微信公众平台、独立APP等。1000万元挣到手可能不容易，花起来却很容易，不到半年时间，这1000万元就花了个精光，可效果却平平，关注度和影响力都没能形成。

原因何在呢? 原来，用香的目标群体年龄层比较高，平均在50岁以上，这部分人群在香类用品方面在线上并没有形成购习

不转型互联网是等死；当尝试转型后，发现转型互联网是找死。

惯，所以，不管是传统互联网营销，还是移动互联网营销，再多的投入都形同泡沫。很不幸的是，这家企业恰好遇到了百年难得一遇的大熊市，在资本市场又损失了一大笔钱，无异于雪上加霜，致使原本生机勃勃的企业面临着生存的危机。

不转型互联网是等死；当尝试转型后，发现转型互联网是找死。这是许多传统企业的现状。近几年来，传统企业转型互联网的成功率不足5%。互联网发展到现在，其趋势和转型有着必然性，但我们一定要把握住转型的节奏，转型互联网需要过渡期，而不是"大跃进"，不考虑现实状况，一味地随大流搞互联网，中小微企业将陷入危险的境地。

我的一个朋友李总做传统制造业做得非常成功，受互联网热潮的影响，他投资几个亿做了一个互联网项目，结果一年过去了，网站还没上线，团队成员来了走，走了又来，一直没能成型，企业制度、流程、KPI等运营体系一片混乱，企业的核心产品定位变来变去，一直没能确定，第二年会不会有所改观呢？李总心里没底儿了。

如果说传统企业是在湖里捞鱼，那向互联网转型就是要到海里捕鱼：虽然一些企业在传统领域已经非常成功，在湖里驾船的水平及捕鱼的技术已经非常高超，但是湖里的成功并不一定能复制到海里。为了随大流，觊觎别的企业在移动互联网领域取得的成就，放弃自己在互联网营销上的强项，反而花大精力去追随移动互联网的脚步，这就叫"捡了芝麻丢了西瓜"。然而，这在现实中却屡见不鲜。

在今天这样一个大变革时代，只有进行变革，才能在时代中获得一席之地，特别是传统企业，面临互联网的冲击，如果仍然停留在原地，不进行改变，那是非常危险的。但是传统企业不管企业现状，闭着眼睛一味地往前冲，那也是非常危险的。传统企业转型互联网相当于二次创业，必然是困难重重。传统企业初次触网，切忌步子迈得太大，小投入、快行动、先试错、再调整，通过尝试对错、总结经验、修正战略，慢慢摸索成功的方向。

著名作家村上春树在他的作品《海边的卡夫卡》中提到这样一句话：大凡事物必有顺序。看得太超前了不行，看得太超前，势必忽视脚下，人往往跌倒；可另一方面，光看脚下也不行，不知道前面你会撞上什么。所以，要在适度往前看的同时按部就班处理眼下事物。这点至为关键。无论做

传统企业转型互联网相当于二次创业，必然是困难重重。传统企业初次触网，切忌步子迈得太大，小投入、快行动、先试错、再调整，通过尝试对错、总结经验、修正战略，慢慢摸索成功的方向。

什么，不能超前，不能止步。在变革时代，企业更需要注意把握"适度"的准则。

互联网+在改变什么

互联网+在改变什么呢？

著名经济学家、武汉大学博士生导师伍新木教授认为，互联网是一种特殊的生产资料，又是一种特殊的消费资料。互联网首先改变人们的生产方式、生活方式，进而改变意识形态，从而影响人文。

互联网+就是通过互联网连接商家、用户、产品、服务、支付等因素，即"连接一切"，使这些因素形成闭环生态圈，重构生产方式，改变着人们的衣食住行。

传统企业的管理模式是体制内外有别，消费者是被操纵的，员工是被老板骂的，其基本特点是通过控制信息和资源不对称操纵消费者与员工。而互联网在任何时间、任何地点，都可与任何对象进行低成本连接。互联网化企业是革命性的，既要把员工当作可能的合伙人，也要把消费者当作潜在合伙人，我们称这样的企业为交互型企业。

在互联网+时代，未来生产什么将不再是由工厂决定，而是由消费者决定，消费者可以提出任何需求，消费者可以自己设计并定义需要的产品，甚至消费者可以自己定价。

以家装行业为例：如果消费者通过一款云设计APP，在设计师的帮助下，设计出符合自己需求的个性化家装，所见即所得，通过平台一键下单，所有产品信息即可传输到工厂，工厂将你表达的产品特性转化成数据，然后通过计算机来安排物料和配送、零件的打磨及产品组装，之后由商家按客户的需求配送安装。在这个过程中，设计决定着消费者的购买行为，而不是产品决定着消费者的购买行为。整个生产过程，人是不参与的，而是通过智能的方式来实现。这就是互联网+带给生产方式的改变。

小米的成功得益于它的一个很关键的理念：利用互联网的手段让用户参与打造产品和用户体验。在用户的参与下，小米推出了200余项符合国人使用习惯的创新：上百种主题风格的解锁方式、在用户不接电话前提下友好提醒来电方的开车模式……

"因为停电被困在黑暗的电梯里，在手机上却找不到手电筒图标。雷总，能不能添加容易找到的手电筒功能呢？"这是

在互联网＋时代，未来生产什么将不再是由工厂决定，而是由消费者决定，消费者可以提出任何需求，消费者可以自己设计并定义需要的产品，甚至消费者可以自己定价。

在小米社交工具"米聊"中，一名用户向雷军发出的建议。很快，MIUI
新版本中就添加了摁着最常用的Home键就能打开手电筒功能。"滑
雪时有朋友丢了一部手机，一下子觉得这两个功能越来越重要了：寻
找手机位置、远程删除所有数据。主要原因是今天的智能手机更像电
脑，除了通讯录和短信外，还有邮件和各个网络服务密码等等私人数
据。"雷军关于丢手机的微博发出后，立刻就有人跟帖："雷总，我都
掉了两部了，解决一下掉手机的问题呗！"很快，小米增加了定位找回
功能……

小米的目的就是聚集一帮人的智慧做大家能够参与的一款手机，
当你真的参与小米的活动，并且建议得到采纳后，"我手机有这个功
能，这个功能是我设计的，你看我多牛！"这种荣誉感是你推销小米很
重要的动力。

在生产者层面，任何行业都可以用互联网去颠覆，在消费者层面，
"互联网+"改变了人们衣食住行的方方面面。

网上订火车票改变了人们到售票厅（点）排队买票的方式，人们通
过线上订票，线下取票，就能实现快速乘车。

团购网站改变了人们到店消费的模式，不管是吃饭、看电影，还是
旅游、住酒店，人们都可以先在线上综合比较，选择自己最满意的商
家，购买团购券，然后到线下消费。

打车软件改变了人们的出行方式，过去偏僻的地方打车难、凌晨
或者晚上打车难等问题让很多人困扰，现在人们可以通过打车软件叫

车、预约。偏僻的景区也可以自由地来去，早班的火车和飞机，也可以放心乘坐了。

需要强调的是，除了生产方式的改变和生活方式的改变，互联网+时代最大的改变当属人们意识上的改变。

在工业时代，好产品的标准是具体功能；而在互联网+时代，好产品连接的是趣味、情感和审美体验。而这种情感和审美体验正在随着"90后""00后"的主导发生翻天覆地的变化。要知道，在互联网+时代，"60后""70后"是移动互联时代的移民或过客，"80后"是移动互联时代的居民，"90后""00后"才是移动互联时代的原住民。

这些在移动互联网陪伴下长大的年轻人，审美标准和审美趣味来自网络、来自手机游戏，这就要求我们的产品和每一个细小的服务都要相应发生改变。

伍新木认为，"互联网+"行动计划，绝不是要所有企业都去干互联网产业，而是各行各业所有人要自觉把互联网当作"共有的""免费的""有效的""便捷的"生产

在互联网＋时代，好产品连接的是趣味、情感和审美体验。

资料、工具和手段，实现对接和融合。一切传统产业都可以实施互联网+，人的生产、生活、学习活动，也都可以实现互联网+。互联网将覆盖一切领域，思维方式、行为方式、生产和消费方式都离不开互联网，线上线下同步，全民参与，全民受益。互联网+将成为新常态。互联网是人类最伟大的"女人"，它必然会孕育出新的生命：新的文化、新的经济、新的政治、新的社会。

有一款名叫"恋爱笔记"的情侣专属APP。在恋爱笔记中，恋爱男女拥有一个专属的二人世界，共同记录爱情点滴，还可以把私密照片、文字制作成书，这本书只有二人才能打开。恋爱笔记里有恋爱社区，恋人们可与数百万情侣一起交流恋爱的方方面面。这就是互联网+孕育出来的新社会，之前，这些都是人们难以想象的。此时此刻，还有很多我们想象不到的美好事情正在发生着。

互联网将覆盖一切领域，思维方式、行为方式、生产和消费方式都离不开互联网，线上线下同步，全民参与，全民受益。

互联网+不能改变什么

外界一直在热炒这样一个观念：互联网+将打破传统企业发展困局，传统企业在这股热潮中必将迎来新一轮的成长。事实的确如此，互联网+相关技术的广泛应用必将给传统产业带去颠覆性的创新。不过，在一片火热中，我们应该保持冷静的思考，互联网+是神奇的，却不是万能的，中小微企业领导者们要清楚地认识到它也有不能改变的东西。

互联网+不会改变"质量是企业的生命线"

在互联网时代，如果质量不行，"粉转黑"是分分钟的事情，它对企业的伤害比传统模式下的更大。因此，传统企业把质量控制好是首先要保证的事儿。

雷军曾一度是互联网思维的代言人，小米的互联网模式被各界奉为参考模板，可小米同样面临着产能和质量问题。

小米创立之初，雷军的理念就非常清晰，小米要做极致手机。在这种理念下，不管是CPU，还是触摸屏，小米整个硬件的供应商找的都是业内顶级的，为了达到这一点，新生的小米费了不少周折。

顶级的供应商往往是不缺买家的，他们对买家的能力极其看重，而雷军在软件行业里经营了二十来年的名声，在手机行业根本没用，小米又是第一次做手机，这让雷军碰了不少壁。有一次，雷军找一家供应商谈合作，好不容易见到这家公司的负责人，对方简简单单一句话就将雷军打发了，"要想用我们的产品，先把你们过去三年的财务报表拿来给我看。现在做手机的这么多，谁知道你们什么时候会死掉。"

不停地谈判，向对方表达自己的诚意，向对方介绍小米的创业团队，向对方展示小米的未来，雷军及其创业团队倾尽全力与业内优质供应商交流，最后终于敲定小米用高通、夏普、三星、LG的元器件，找英华达、富士康做代工。

试想，没有这些强大的厂商的支撑，小米可能也不会走得这么顺畅。

不论互联网+促生了怎样的新兴业态，产业发展万变不离其宗，先进技术和过硬品质是永恒的追求。不论是日臻成熟的网络购物、在线支付，还是方兴未艾的微商、O2O，互联网提供的主要还是渠道，影响的主要还是营销。互联网并没有颠覆生产本身，毕竟互联网的最终载体还是产品。

互联网+的时代，传统企业无论怎么变革，生产依旧是大前提，没有好产品做保

互联网并没有颠覆生产本身，毕竟互联网的最终载体还是产品。

障,再前沿的理念也是空中楼阁。

互联网商业传奇令人惊叹,但互联网先驱们绝非"一招鲜吃遍天",而是在技术、质量等各个环节都下了不为人知的苦功夫,小米如是,蒙牛也是如此。

近年来,蒙牛在融合互联网+转型升级方面走的是跨界整合的战略路线。2014年,蒙牛与百度合作推出二维码可视化追溯牛奶"精选牧场",将牧场放到了"云端"。同年11月,蒙牛跨界与滴滴战略合作,尝试了从战略到渠道方面的资源最大化的无缝对接。

2015年5月6日,蒙牛与自行车品牌捷安特签订了品牌、渠道、资源等多方面的战略合作协议,并应用智能塑形牛奶M-PLUS的适配硬件产品智能体质仪让用户获悉身体状况,通过云端将量身定制的私教计划和蛋白质补给提醒推送到APP。除此,蒙牛的最新产品是与明星合作的定制性产品,将极致单品的互联网思维应用在了其产品上。

蒙牛的互联网转型让人啧啧称奇,不

互联网＋的时代,传统企业无论怎么变革,生产依旧是大前提,没有好产品做保障,再前沿的理念也是空中楼阁。

过，很多人没有看到的是，蒙牛在产品质量及技术方面直接引进了国际合作伙伴，整合了全球先进的技术、研发和管理经验，始终保持着与国际接轨，全方位保证产品品质。这是蒙牛互联网+转型的第一步，也是最关键的一步。

互联网+不会改变"一切以用户为中心"

"谷歌十诫"有十条名言，第一条就是，一切以用户为中心，其他一切纷至沓来。意思是说，如果你真正做到了以用户为中心，把与用户相关的所有事情都做好了，其他一切都会实现。这就是很多互联网企业仍旧专注于售后服务，注意倾听用户声音的根本原因所在。

互联网+不会改变"渠道为王"

传统制造业厂商都知道"渠道为王"，谁掌握渠道，谁就拥有了话语权。到了互联网时代，渠道为王仍不过时。百度是推广渠道，阿里巴巴是销售渠道，腾讯的微信是服务渠道。小米商城是销售渠道，京东也是销售渠道。互联网不过是把线下的渠道搬到了线上。在激烈的市场竞争中，掌握着渠道话语权的人将是最后的赢家。

互联网+不会改变"规模效应"

小米以让用户尖叫的价格推出手机，所凭仗的就是规模效应，订单量到了一定数量，成本压到最低，才可能让价格压到最低。不论是传统厂商还是互联网创业者，通过足够的用户基数分摊成本，都是成功必备的一个关键要素。

对于传统行业来说，在互联网转型升级的过程中，一定要想清楚哪部分是会被冲击、被改变的，哪部分是传统行业的优势所在，是可以坚持的，一味地被互联网培训师牵着鼻子走，把自己的优势给弄丢了，那就得不偿失了。

固守主业，企业首先要做好自己

在美国，有一个关于成功的寓言故事，一直在职业经理人中广泛流传。它取自唐纳·克里顿和宝拉·纳尔森合著的《飞向成功》这本畅销书：

为了像人类一样聪明，森林里的动物们开办了一所学校。学生中有小鸡、小鸭、小鸟、小兔、小山羊、小松鼠等，学校为它们开设了唱歌、跳舞、跑步、爬山和游泳5门课程。第一天上跑步课，小兔兴奋地在体育场地跑了一个来回，并自豪地说：我能做好我天生就喜欢做的事！而看看其他小动物，有噘着嘴的，有沉着脸的。放学后，小兔回到家对妈妈说，这个学校真棒！我太喜欢了。

第二天一大早，小兔蹦蹦跳跳来到学校。结果，上课时老师宣布，今天上游泳课。只见小鸭兴奋地一下子跳进了水里，而天生恐水、不会游泳的小兔傻了眼，其他小动物更没了招。接下来，第三天是唱歌课，第四天是爬山课……学校里每一天的课程，小动物们总有喜欢的和不喜欢的。

这个寓言故事诠释了一个道理，判断一个人是否成功，最主要看他是否最大限度地发挥了自己的优势。让猪去唱歌，兔子去学游泳，这是无论如何都不能成功的。同样的道理也适用于企业经营中。

我身边就发生过这样的例子。某厂家从国外引进了最先进的全自动生产线，它的确大幅提升了工作效率，可也滋生了一系列问题：生产线原有工人的人员安置问题，库存大量堆积的问题，产品供过于求的问题……最终，该厂家将这条最先进的全自动生产线改造成了半自动生产线，这才适应了整个供应链的运作节奏，解决了以上所有问题。

目前，我国大部分中小微企业仍旧处于工业2.0生产时代，还能继续生存，只是有些步履维艰，让它们一步跨入工业4.0时代，很可能会出现"步子太大，摔个跟头"的窘况。如果在互联网转型升级过程中，企业抛弃了自身原有的核心优势，那后果将更加不可想象，企业原本是能快速奔跑的兔子，偏偏要去海里游泳，难免会有被淹死的下场。

面对互联网，传统企业不应该相信任何一个来自互联网的神话或谣言，应该沉下心去思考，就像在面对传统市场时一样，先摸清楚自己的消费者在哪里，是一线城市还是二三线城市？是微博、微信还是QQ空间和论坛？自己产品的核心卖点通过什么渠道传播出去最合适，是报纸还是电台？是微博红人还是电子邮件？

眼下，家装行业最热的词恐怕就是互联网+了，各种势力纷纷扛起互联网大旗涌入家装行业，倒逼传统的家装公司不得不加速革新、转型，投入互联网大潮。这其中，今朝装饰可以说是一个另类，它并没有跟风去炒互联网概念，而是坚持品质，努力做好自己擅长的事情。

今朝装饰自2009年进入老房装修领域，发展至今，业务量年年翻番，通过在设计、施工、材料、安全、智能化等方面的研发和攻关，逐步掌握了老房装修的核心技术。在互联网家装的热潮中，今朝装饰董事长戴江平却很冷静，他说："我们只会去做自己能做到的事，不会去想无限大的事。我认为成功的企业应该有它自身发展的亮点，也就是核心优势，包括研发、人才等，以及给消费者提供简单化的产品，这才是关键。如果既能提供简单化的产品，又能保证品质和服务，这样的企业就是市场中的赢家。"

目前整个家居市场正步入年轻化、网络化、简单化、智能化、数据化时代，为了适应时代的发展和变化，今朝装饰在2015年推出了"绿色一体化品质服务提升"体

真正的互联网意识，从深层次讲，是把自己的本职工作做好，把品质、把服务做好。这些都做好了，处处都是互联网。

系，以此提高今朝装饰的品质和服务。戴江平说："互联网思维必须有好品质的公司参与才能做得更加活跃、更有知名度、影响力。传统家装公司实实在在地把自己的事情干好了，干踏实了，让消费者和行业认可，这个问题是最关键的。"他认为，真正的互联网意识，从深层次讲，是把自己的本职工作做好，把品质、把服务做好。这些都做好了，处处都是互联网。

对于亟待转型的企业来说，在着急上马"互联网+"之前，最好先自查一遍，经营理念、员工思维、内部管理等外壳之内的"血肉"，是否已为互联网改造做好准备；核心竞争力、产品品质、客户服务等企业优势，是否在转型之后能保留下来。不论互联网+的概念如何热炒，企业不断地在自己专注的领域内钻研，提升自己产品与服务的竞争力，最大限度地提升用户体验，这才是永恒的王道。

拥抱互联网+：
客观面对而非当作一个噱头

无论是在财力、物力还是人力上，中小微企业的整体实力都大大逊色于大企业，不过，中小微企业如果能从根本上整合自身的资源，取长补短，一定能在竞争中求得生存，在互联网大潮中觅得一个稳固的立足之地。

自杀重生，他杀淘汰

腾讯首席执行官马化腾表示，所有的行业都可以融入互联网+，如果你不这么做，你所处的产业和行业就会落伍和被淘汰。专家们断言，在互联网浪潮的冲击下，传统企业只有两种结局：一种是通过互联网转型，让企业焕发出生命力；另一种是继续沉浸在传统企业的固定模式中，等待着腐朽。很多传统企业不以为然，他们觉得，自己过得也挺好的。

传统企业如果始终抱着这种观点，当不知不觉中，被互联网灭顶的时候，再想自救就来不及了。要知道，在互联网上，信息获取和交易的成本为零，或接近零，市场前景却是无穷大；互联网突破了地域和时间

实体企业与互联网相加，不是 1+1=2，而是 1+1>2。

限制，颠覆了我们通常的时空观；实体企业与互联网相加，不是1+1=2，而是1+1>2；而固守原有经营模式不变的人，无异于坐以待毙。

曾经辉煌一时的诺基亚最终落得被微软收购的下场，根本原因就在于它不能及时创新，不能跟上时代潮流。诺基亚的命运为众多传统行业敲响了警钟。

从2013年开始，新东方的股价开始下跌，公司也开始裁员，原因何在呢？因为它的核心能力在互联网的冲击下正在逐步丧失。著名作家吴晓波对此进行了分析：新东方的核心能力首先是英语教育能力，拥有一个英语教育的很好的学习教材和体系；其次是教师管理能力，有高效率的管理体制。

但从2013年开始，它的两个核心能力开始丧失。第一，在内容供应部分出现了免费的网上英语教育体系，仿真的英语对话，或者真人教育体系。这更具有灵活性，学习又方便。第二，人员部分。当一名教师英语教得不错时，他还需要在新东方上课吗？他完全可以直接在星巴克教学了，他可以通过朋友圈、YY找到学员，就变成了自己创业。

新东方原来的核心能力就这样被在线教育体系和社交圈的发达给消减了，当核心能力被消减之后，商业模式就不再成立，盈利模型也就瓦解了，这个时候，它必然要面临着转型了。

新东方的窘境不是个例，这种情况在不少传统企业普遍存在。海尔的张瑞敏说："百年企业就是通过'自杀'重生的"。万通的冯仑说："淘汰你的不是互联网，而是你不接受互联网，最终被竞争对手淘

淘汰你的不是互联网，而是你不接受互联网，最终被竞争对手淘汰。

汰。"在这样一个行业重新洗牌的阶段，自杀者重生，坐以待毙者必然被淘汰。

中国著名服装品牌李宁花了20年时间，发展成为一线品牌，在中国区市场开设了六七千家连锁店。2010年，李宁公司赞助了西班牙篮球队，请了NBA球员来代言，磨刀霍霍准备进军欧美市场。可很不凑巧的是，李宁公司的这一国际扩张策略因互联网的发展而搁浅。

从2010年开始，中国电子商务市场逐步复苏，市场主流的"80后""90后"人群越来越倾向于在网上购买产品，李宁公司旗下的六七千家连锁店一下变成了空耗成本。到2012年，李宁公司巨亏20亿元。虽然做了很多尝试，但李宁亏损的态势并没有止住，2014年，李宁亏损7.81亿元，这已是其连续第三年亏损。

李宁身边的人曾透露过一个细节。2013年，有人问创始人李宁为什么直到现在也不开微博，李宁的回答很简单，"这些东西我既不擅长，也不感兴趣"。在2015年开春，李宁首次开通了新浪微博。现在，他用小米手机，晒自拍卖萌，已经不算新鲜事，和NBA球星韦德商讨篮球产品的设计细节，在北京会见成龙对外释放悬念，用李宁整套运动装备对潘石屹进行"全副武装"，几乎每隔几日，李宁本人就会在微博上制造点惊喜，自2015年3月份起更为频繁。这些细节传达了一个重要信息：李宁开始在公司逐步植入互联网思维。

2015年3月，李宁公司正式公布了与小米生态链企业、小米手环缔造者华米科技的战略合作，按照协议，双方将共同打造新一代智能跑鞋，并开始探索大数据健康领域。这一举动，宣告了李宁公司从传统体育鞋服领域转向智能运动领域。随后，李宁公司的股价连升5日，单日涨幅甚至高达14.1%，李宁说，2015年将是李宁公司重新步入发展的起步元年，李宁公司的未来让人充满期待。当遇到生存危机时，李宁及时改变固有观念，顺应时代潮流，实现企业互联网化转型升级，给不少企业树立了榜样。

求洗脑：不能把互联网仅仅当一个噱头

当今中国，互联网思维几乎席卷了所有产业，以摧枯拉朽的力量颠覆着各行各业，不改变，将被改变，不创新，将被创新。不少传统企业意识到了危险性，他们有着改变自身的意识，可真正实施的时候，最常见的做法是：对互联网了解得不深，也没有时间去学习，往往会建一个网站。他们觉得这就实现了互联网与企业的嫁接，这就算实现了转型。可实际建的网站只是一个摆设，企业经营没有任何改变，互联网转型仅仅成为企业对外宣传的一个噱头。

传统企业拥抱互联网，一定要跳进互联网圈子里，要放下架子，要用互联网思维来颠覆自己，要有从小学生做起的意识。

转型第一步：打开线上销售渠道

传统行业互联网转型的第一步是打开线上销售渠道。传统行业介入网络销售渠道的方式主要有以下两种：一是采取建立官网商城、平台建店等直销的形式，二是通过渠道商等分销渠道开展互联网+业务。

通过平台建旗舰店的方式是最常用的方法，它可以让中小微企业在成熟的平台上，迅速增加自己的网络销售渠道，利用网络销售平台的资源优势，在短期内弥补自己的"互联网缺口"，在运作的过程中，中小微企业可以逐步培养自己的网上零售团队，制定营销思路和未来的互联网+策略，积累互联网+运营经验，这时再推进自己的直销网络建设将事半功倍。

除了直销和分销，很多传统企业也在寻求更多形式的销售渠道，如百丽通过开通呼叫中心和售后中心与自己的B2C商城对接，联想和多家银行的网上商城有良好合作，同时涉足电视购物。中小微企业可以充分发挥自身的优势资源，逐步摸索出适合自己的道路来。

转型第二步：找到自身优势与互联网的嫁接点

传统行业互联网转型的第二步是找到自身优势与互联网的嫁接

点，实现转型升级。在这点上，以生产食品饮料为主的娃哈哈已经率先迈出了一步。近年来，娃哈哈先后研发了码垛机器人、放吸管机器人、铅酸电池装配机器人、炸药包装机器人等。同时，开发了低惯量永磁同步伺服电机、永磁伺服直线电机、高效力矩电机、高效异步电机，并准备收购1~2家欧洲、日本的有机器人关键部件的生产厂家，在原有机械厂的基础上发展装备制造业，进入高新技术产业。

工业机器人的大量应用，保证娃哈哈在将来能实现定制生产模式。经销商下完订单后，可以随时跟踪订单的动向。机器人在生产上的应用，会让从营销到生产的过程更为便捷与流畅。娃哈哈通过互联网信息技术改造，将生产计划、物资供应、销售发货，包括对经销商、批发商的管理，以及设备远程监控、财务结算、车间管理、科研开发，全部嵌入信息化系统管理，极大地提高了工作效率。

在宗庆后的规划中，娃哈哈充分发挥了生产环节的优势，并逐步向高科技装备制造业迈进，娃哈哈将来不只是饮食加工生产企业，还是机器人等高端设备生产企业，会向同行业乃至其他企业输出机器人等生产设备，这一步转型可谓足够大，可这种过渡又是非常自然的。

转型第三步：破旧立新

互联网转型的第三步是破旧立新，果断摒弃被互联网时代淘汰的东西。

某金融企业李总做了15年的传统金融，旗下有几个营业部，随着互联网金融的发展，他意识到，未来的金融会更多地转移到线上，会变得越来越简单，越来越平民化，越来越低成本，金融将回归成为一个基础设施，就像水和电为大家服务一样。

在这种背景下，网点营业部的存在价值越来越低，要知道，营业部的很多业务通过一部手机、一张卡就能轻松完成，而营业部却要承担房租、人员、水电等成本，多方权衡之后，他果断关掉了手中的营业部，转而向互联网金融发展。

如何用全新的互联网思维，重新审视市场、用户、产品、企业价值链乃至整个商业生态，是互联网时代所有企业"一把手"应该思考的核心问题。浪潮汹涌，暗藏杀机，面对互联网发展的最后一波红利期，传统企业将何去何从？

认知：企业+互联网的可行性分析

目前，在商界出现了一个新词叫"互联网焦虑症"。互联网焦虑症人群主要是来自传统企业，绝大部分是中国改革开放以来成长起来的企业主，他们的年龄介于40～60岁，一般有着丰富的经营和管理经验，对于新生事物的接受程度却要远远低于"80后""90后"，面对互联网尤其是移动互联网的迅猛发展，他们的无助感和危机感不断上升，进而产生了彷徨、担心、焦灼、惶恐、不安、迷茫等情绪。

我身边就有不少这样的企业老板，他们依靠多年的实战经验，已经将企业经销渠道铺到了全国，企业做得也算风生水起，可看到互联网对传统行业的不断颠覆，尤其是自己所在的行业中不断涌现新的搅局者，他们一方面想尽快跟上互联网发展的潮流，另一方面，对企业的互联网转型升级深感不确定。

美国前总统林肯先生曾在一封信中讲述了自己幼年时的一件事：

我父亲以较低的价格买下了西雅图的一处农场，地上有很多石头。有一天，母亲建议把石头搬走。父亲说，如果可以搬走的话，原来的农场主早就搬走了，也不会把地卖给我们了。那些石头都是一座座小山头，与大山连着。

有一年父亲进城买马，母亲带我们在农场劳动。母亲说："让我们把这些碍事的石头搬走，好吗？"于是我们开始挖那一块块石头。不长时间就搬走了。因为它们并不是父亲想象的小山头，而是一块块孤零零的石块，只要往下挖一尺，就可以把它们晃动。

林肯在信的末尾说："有些事人们之所以不去做，只是他们认为不可能。而许多不可能，只存在于人的想象中。"

传统企业家，尤其是中小微企业主要想解决互联网焦虑症，其实并不难，只要确定企业进行互联网+是否可能。

中小微企业主要想解决互联网焦虑症，其实并不难，只要确定企业进行互联网＋是否可能。

什么是中小微企业呢？中小微企业是与所处行业的大企业相比人员规模、资产规模与经营规模都比较小的经济单位。不同国家、不同经济发展的阶段、不同行业对其界定的标准不尽相同，一般从质和量两个方面对中小微企业进行定义，质的标准主要包括企业的组织形式、融资方式及所处行业地位等；量的标准则主要包括雇员人数、实收资本、资产总值等。量的指标较质的指标更为直观，数据选取更容易，大多数情况下以量的标准进行划分。

互联网的蓬勃发展使得中小微企业的经营环境在不断发生变化，挑战与机遇并存。中小微企业面临的挑战有四个层面。

首先，是生产制造层面互联网化。工业4.0时代倡导的生产制造是以智能制造、大数据、3D打印、物联网为特征的制造，通过产品的使用数据来发现缺陷，优化设计和制造工艺。这就需要中小微企业能快速接受新工艺, 引进新技术。

其次, 是产品服务互联网化。互联网+时代是以用户为中心进行的产品创新, 是用户积极参与到创新的全过程的快速迭代式创新, 是用户与上下游合作伙伴共同参与的开放式、社会化、协同的创新。这就需要中小微企业改变以前以产定销的运营流程。

再次, 是市场营销互联网化。互联网+时代的营销, 是以移动、社交平台、大数据精准营销、O2O为主导的营销。中小微企业需要依据消费者行为和消费理念的变化, 改变以往的营销理念, 熟练应用互联网技术来发现需求, 降低沟通成本; 利用O2O来更精准地发现用户需求, 最大化地降低营销成本。

最后, 是企业管理互联网化。国内相当一部分中小微企业由于观念陈旧、实力有限、人力资源跟不上, 以及管理不善、管理水平不高等原因导致诸多问题。企业经营管理要以数据为驱动, 切实把数据资产重视起来。从这个意义上讲, 中小微企业及个体工商户应规范地建账核算, 对财务等经营数据进行整理分析, 提高抗风险能力, 并为企业日后的融资、贷款打下数据基础。

"船小好掉头", 中小微企业因为体量小, 有着反应快速、调整灵活的优势, 在互联网变革中, 也有着自己的优越性。

第一, 目前我国网民增速规模保持持续增长态势, 另外, 互联网用户增长绝大部分体现在移动互联网上。中国网络用户的庞大基数为中小微企业发展网络营销提供了一个基础性条件。

第二，互联网具有开放性及内容丰富性的特性，它使企业在进行信息搜索时不再受地域或时间限制，可以在全球开放性的市场范围内去寻找客户。在互联网平台上，中小微企业可以自由地在全球市场上驰骋，这为中小微企业的发展提供了更多的机会。

第三，搜索引擎、软文、博客、微博、论坛、网络广告、电子邮件等网络推广方式较之前的电视媒体、平面媒体门槛要低很多，成本也更容易控制，中小微企业慢慢摸索一定能找到适合自身的发展道路。

无论是财力、物力还是人力上，中小微企业的整体实力都大大逊色于大企业，不过，中小微企业如果能从根本上整合自身的资源，取长补短，一定能在竞争中求得生存，在互联网大潮中觅得一个稳固的立足之地。

中小微企业如果能从根本上整合自身的资源，取长补短，一定能在竞争中求得生存，在互联网大潮中觅得一个稳固的立足之地。

执行：成立一支独立的"特种部队"

有一次跟一位做汽车用品的老板聊起互联网，他满脸遮不住的自豪："我们公司特别成立了互联网营销部门，我从外面招了两位互联网高手，又从市场部、营销部调了几个人。他们的工作内容很广，做软文在网上发布，经营微信公众号，还在微信朋友圈、微博、QQ群、贴吧等各网络渠道里做推广。我要求公司的每一个员工都要在自己的微信朋友圈里和微博里转发与公司相关的内容，他们每转发一次就可以领取5元钱的奖励。"

"那效果如何呢？"我问道。他脸上的笑容一下子僵住了："现在效果还没体现出来，要慢慢来嘛！"

同上面的老板一样，不少传统中小微企业老板认为，所谓互联网+就是在公司里引入几个互联网宣传工具，由一个分管副总任电子商务公司或者电子商务中心的总经理，招聘一个对电子商务一知半解的人做副总或者总监，甚至就用公司现有人员就能全部搞定。殊不知，这种做法只能带给他们一个心安，互联网的威力根本体现不出来。

互联网生产方式的本质特征是缩短生产和消费的中间环节，通过直接快速贴近目标来获取价值，这种新技术革命需要工作本质上的根本转变，需要新的管理理念、新的组织模式和一个新的人机关系组织系统与交流平台。轻视引进专业的互联网团队，企业将很难消化互联网技术，很难形成企业竞争力。传统企业必须要打造一支富有创造性和综合性，灵活而迅速的"特种部队"，才能高效利用互联网技术，带给企业全方位的变化。

有人说："如果说员工是企业的财富，那关键人才就是财富中的财富。"这句话道出了关键人才备受重视的关键原因。在互联网+时代，互联网人才就是关键人才中的关键人才，他们能为公司带来较大利润，能推动公司的变革，他们是企业的"发电机"，能为企业的发展提供源源不断的"能源"。

传统企业轻视互联网团队建设的做法看似省事又省钱，却很可能是企业极大的浪费，最主要的是，他们很可能在互联网热潮中丧失先机。

不少中小微企业不愿意引进专业电商人才的原因在于他们觉得电商人才工资过高：一个运营经理年薪过30万元，一个资深总监年薪过100万元，一个CEO年薪过200万元，他们对这个薪资水平很难接受。殊不知，即便能开出这样的薪资，也不一定能招到人。51job(前程无忧)发布的2015年第一季度权威就业统计数据显示，电子商务/游戏就业率位居第二位，年薪25万元以上，仅次于销售职位。

所谓"闻道有先后，术业有专攻"，互联网的事情还是应该交给专业的电子商务人员。目前，电子商务人员已经形成了很细的分工。一般来说，专业的电子商务班子，除了领军人物外，还要有首席运营官、首席技术官，有的根据需要还要设立首席营销官。中层岗位和一般岗位也分得很细，比如，光是淘宝运营就有淘宝运营经理、淘宝直通车推广专员、淘宝店长、淘宝客服等细分岗位。

在很多中小微企业觉得电商人才薪资水平太高的时候，一些睿智的企业家们已经先下手为强了，高薪聘才的故事正在一个接一个地上演。

除了解决引进人才的问题外，中小微企业还有一个留住人才的坎儿。有统计显示，一个员工离职以后，企业从招聘新人到新人顺利上手，仅替换成本就高达离职员工薪水的2倍到3倍，关键岗位员工的替换成本更大，他们的流失带来的往往是"地震级"的后果。由于其掌握企业的核心资源，跳槽时往往带走相当多的同事及客户资源。互联网人才如果离开，企业前期投入的资金、精力很可能会付诸东流，因此，企业一定要注意留住人才。对于中小微企业来说，互联网人才跳槽主要有以下三种情况。

首先，中小微企业在互联网转型的过程中，经常会出现企业领导什么也不懂瞎指挥的情况，互联网人才做起事来束手束脚，很快就丧失了继续努力下去的信心。互联网行业是一个全新的行业，与传统行业的玩法差异很大。传统企业领导人在进入互联网领域的时候，一定要先更新思想，或者第一时间把自己变成内行，或者要懂得放权和相信别人，不懂的事不要掺和，交给懂的人去做。

其次，薪酬目前仍是吸引和留住人才最具威力的武器。一般来讲，提供有竞争力的薪酬会带来较高的满意度，与之俱来的是较低的离职率。同时，在确定薪酬上不但要考虑外部公平，还要考虑内部公平、自我公平等因素，使企业内部做出相同贡献的人所得薪酬相当。同时，在薪酬待遇的确定上还要讲求诚信。在争取人才加盟的时候，一些中小微企业往往会许下较高甚至是难以达到的承诺，但人才进入企业之后，当初的承诺又会被各种理由削薄，变得无法按时按量兑现。这种"失信于人"的做法最失人心。

最后，中小微企业领导者最易犯的错误是以个人情绪代替公司制度，很难做到公平地对待每一个人。而要求被平等对待是人的基本愿望，如果领导者的公正遭到质疑，一旦公平感不见了，队伍就会变成一盘散沙，人心就会离散。作为资源的掌控者，领导者无论任何时候，都不能亲某一人疏另一人，而要为每个员工提供平等的机会，这样才能使下属的工作积极性最大限度地发挥出来。

准备：夯实企业互联网化的技术基础

著名财经作家吴晓波说："数据部门是未来企业的标准配置，就像今天的销售、生产、人力资源等部门一样，每家企业都应该要有一个关于数据的部门。数据会描摹出最真实的用户需求画像和图谱，架构一个场景，用不好数据的企业，可能用不了太久就会被淘汰。"

在淘宝或者京东这一类电子商务网站购物的时候，很多人都有这样的体验，在浏览商品页面时，总会有一个广告栏出现相关产品的推送信息，比如，你在查看怀孕书籍，广告栏里会有尿不湿、儿童玩具、儿童服装等关联信息，这些信息就像是专门为你定制的广告，会贴心地为你提供你最需要的商品推荐，这就是大数据的魅力。网站终端通过对用户浏览记录进行大数据分析，推测出你的购买习惯和购买产品种类，于是，你最需要的产品信息就在你需要的时候出现在你眼前。

在迪士尼乐园里有很多个景点，节假日游客多的时候，每个景点都要排队参观，这就意味着迪士尼乐园里有很多条排队的队伍，每条队伍有10人左右，那顾客的排队时间将是非常漫长的。

怎么减少顾客排队的时间？一方面，迪士尼巧妙地利用内部数据，把近十年的人流数据、天气数据、客源数据结合起来做预测，精确推算每一条队伍在每一天、每一小时所需要的排队时间，游客可以根据这一数据合理安排景点的游览次序。另一方面，迪士尼还实时收集Twitter（推特）的数据，及时更新每一条队伍的排队等待时间，游客可以根据这些数据合理安排时间，平均每人可以节省5个小时的等待时间。

这些过去想都不敢想的体验背后依托的是什么呢？是云计算、大数据、移动互联网和智能终端。这四种技术力量的汇聚，大幅降低了计算成本，使得每个人随时随地获取信息成为可能。互联网+时代，中小微企业要想实现颠覆性的变革，坐实互联网化的技术基础是必须要迈出的一步。

互联网+仰赖的新技术可以概括为"云、网、端"三部分。

云是指云计算、大数据的基础设施。生产率的进一步提升、商业模式的创新，都有赖于对数据的利用能力，而云计算、大数据设施将为用户便捷、低成本地使用计算资源打开方便之门，就像用水、用电一样。

网不仅包括互联网，还拓展到物联网领域，网络承载能力不断得到提高，新增价值才能持续得到挖掘。

端则是用户直接接触的个人电脑、移动设备、可穿戴设备、传感器，乃至软件形式存在的应用，是数据的来源，也是服务提供的界面。

维克托·迈尔·舍恩伯格，有"大数据商业应用第一人"之称，他指出，大数据的真实价值就像漂浮在海洋上的一座冰山，粗略地看只能看到冰山一角，实际上绝大部分都隐藏在表面之下。在他的《大数据时代》一书中，他反复强调这样一个观念：大数据正在逐渐成为巨大的经济资产，可以说是新世纪的矿产和石油，必将带来全新的创业方向、商业模式及投资机会。中小微企业一定要抓住这个投资机会，以免被时代抛弃。

根据美国学者对179家大型企业进行的研究，采用"数据驱动型决策"模式的企业生产力普遍可以提高5%~6%。相对于传统的实物经济，数据经济愈发显示出其价值增值。亚马逊CTO 维尔纳·沃格尔就曾说过："在运用大数据时，你会发现数据越大，结果越好。为什么有的企业在商业上不断犯错？那是因为他们没有足够的数据对运营和决策提供支持。一旦进入大数据的世界，企业的手中将握有无限可能。"

以客户消费情况分析为例，之前数值化的消费记录信息只是单纯地反映了消费者对某样产品的偏好，而在大数据时代，消费情况信息能综合反映出客户的消费能力、消费兴趣点、支付渠道偏好等等。这些数据清晰地表达了客户在消费过程中的方方面面，掌握了这些信息，企业能够更好地安排企业资源，带给客户更便捷舒适的消费体验。

大数据能最大限度地保证决策的准确性，可在实际工作中，中小微企业资金有限，信息系统建设受到约束，而互联网时代用户数量庞大，计算资源准备少了，则压力大难以应付，投入多了，又可能造成浪费。中小微企业应该如何解决这个问题呢？

犹太人有一个哲学：没有能力买鞋子时，可以借别人的，这样比赤脚走得快。中小微企业最好的解决办法是借助现成的云计算资源，充分发挥其资源弹性伸缩、快速调整、低成本、高可靠性的特质，实现大数据应用。

《崩坏学园》这款游戏现用户已达到了数百万，收入达到了千万元。对于一款热门游戏来说，服务器运营维护是保证用户使用体验的关键，而作为一个初创游戏公司，以刘伟为首的创始人把最多的时间和精力放在了游戏内容制作上，他们没有额外的时间、精力、金钱投注到服务器上。这个时候，阿里巴巴的云计算为其提供了不少的助力。创业之初，通过搭载阿里巴巴的云计算，他们有了足够的服务器资源承载更多的用户，为用户提供更极致的体验。

有专家做出预测：未来的十年将会是一个"大数据"引领的智慧科技时代。在大数据时代，人们的思维方式需要随之改变，不能一味追求精确度，追求因果关系，而必须要承认混杂性，逐渐探索出各要素的相互关系。在大数据时代，我们的工作习惯也要随之发生改变，不能再凭借简单的数据拍脑袋决策，而是要综合掌控全方位信息，进而作出综合的判断。你做好准备了吗？

寻找出路：
实现产业与互联网的有效结合

互联网是一场革命，传统的渠道是"陆地"，互联网则是另外的一个世界，是"海洋"，特别是移动互联网，加速了温室效应，海洋在慢慢地扩大，不断侵蚀陆地。很多线下企业，现在还在陆地上，不识水性，但是现实的情况是水在慢慢地上涨，陆地越来越小，海洋越来越大。

苏宁转型之困的启示

苏宁向互联网进军转型的话题，一直为业界所关注。早在2012年，苏宁就开始了艰辛的转型之路，当年9月份苏宁耗资6600万美元并购国内最大的母婴电商网站红孩子。然而，红孩子并没有给苏宁带来实质性的转变和收益。2013年是互联网化最火热的一年，作为连锁电器零售商巨头的苏宁，为了赶上时代步伐，更是高调更名为"苏宁云商"。

转型并不是换一个名字就能搞定的事情，2013年是苏宁向互联网转型的关键一年。苏宁更名之后，推出新的商业模式：店商+电商+零售服务商，以期望可以将内部运营体系融合，真正意义上实现线上线下结合，实现真正的"云"模式。

然而现实却很骨感，前三季报告让投资者们瞠目结舌。报告显示，其业绩下滑趋势明显，线上销售（苏宁易购）第三季度的业绩在剔除红孩子部分之后，环比下跌了11%，如果包含红孩子，则下跌了9%。这些数据凸显了苏宁在互联网+时代所面临的转型困境。

在专业人士来看，这些数据更像是一个传统零售店的数据，而不是电子商务的数据。因为红孩子网站和苏宁易购网站合并以后，苏宁易购并没有给红孩子带来增速。苏宁易购所表现出来的，不像一个合格的电子商务网站，而像一个开在网上的传统苏宁门店。这充分表现出了它作战的失败，转型的窘境。

互联网+时代，天猫和京东给了苏宁非常大的竞争压力，可以说苏宁正处于转型的生死存亡时期。董事长张近东说："当我们进入加速转型期时，深刻地发现，在新兴专业领域上，我们照搬了传统的经验和做法。由于专业认识的局限，面对新业务和新领域，没能十分客观地评估自己原有能力和结构是否能够有效地牵引，从而导致我们在适应新的项目时出现经营吃力、专业性不足、考虑准备不够全面、操作执行不够到位的问题，最终导致推进效率无法达到预期。"

线上是短板

《互联网的第三次浪潮》作者柳华芳针对苏宁的转型之困，这样说："网站毕竟不像线下的商场，附近的居民看到、经过，就可能会进去买。它靠老式的广告去推广，维系不了高流量，关键还是要从搜索、社交来获取免费流量。"

苏宁为了获取流量可谓是下足了本钱，用尽了手段。首先，它为了打造开发平台，邀请第三方商家入驻苏宁易购，以期望获取更多更稳的流量发展电商。其次，高价收购PPTV44%股权，成为最大股东，也是希望可以通过网络视频获得高流量。再次，靠与电视节目《中国好声音》、歌手吴莫愁签订合约等广告营销，苏宁的决心就如张近东所说"苏宁转型不成功，我就不退休"一般坚决。

然而，在错误的道路上，就算狂奔也没有用。聚拢再多的人，如果没有让用户体会到舒心、便捷的服务，那么"这些不像互联网+"的营销手段都是空谈。

小红是苏宁用户，她在网上看到"0元购"活动之后，立即满含期待地在手机上下载了苏宁易购的APP，然而在注册时却遇到了问题，获取短信验证码时按了三次重新发送，等了一个又一个1分钟，还是没能收到验证码，直到屏幕提示"您的操作过于频繁，请休息一段时间再试"，小红失望地放弃了，只好去别的店家寻找中意的产品。

对此柳华芳说："它的网站业务很多都是外包，外包做事，干得越少越好。它必须要自己有一大批的互联网人才。"一个成功的电商平台，卖东西只是其中一项。互联网+的基础是用户，只有用户的购物体验满意了，销量才能上去。这其中包括物流的快慢、退换货是否顺畅、支付是否拖沓等。如果只是价格便宜而不能增加购物的顺畅，那么大多数用户宁愿多掏钱来换取舒适的服务。苏宁一味追求大规模高速度，但是购物体验非常不顺畅，这已经严重影响了用户数量。

转型遇困的原因

传统企业向互联网+转型必然会遇到重重阻碍，苏宁所遭遇的是我们所要规避,或者注意的,下面就来分析它转型受挫的几项重要原因。

第一,线上线下同价

苏宁犯的第一个错误就是同价!因为线上线下的销售模式、费用、成本都不尽相同,线下商品依据线上商品的价格进行销售,必然面临亏损。而线上商品依据线下商品的价格进行销售,则会丧失竞争力。苏宁的同价策略是把一件产品的价格向中间幅度进行了调整,希望借此实现线上线下同价,然而这种方法却让线上和线下同时失去了竞争力度,只留下一个同价格的噱头。

第二,失去核心竞争力

一提起苏宁,大家都会想到它是卖各类电器电子设备的。这一大众印象既成就了苏宁,也限制了它的进一步发展。张近东说:"苏宁将来不只是一个电器电子设备的卖场,消费者可以在这里购买到所需要的一切。"然而这却让它失去了核心竞争力。如果说京东的核心竞争力是3C家电和物流,当当的核心竞争力是图书,那么苏宁的核心竞争力是否本应是电器呢?

苏宁大刀阔斧地进军互联网金融,推广智能硬件,做虚拟运营商,几乎没有苏宁不做的事情。这也让它成为追随者,失去核心竞争力,未在电商领域站稳脚跟,受挫是必然的。

第三,网络营销的失败

进入互联网+时代,信息首要特点就是碎片化,不同的社群有自己独特的目标信息。苏宁依旧采取大范围的广告宣传,没有找准目标客户群，不仅宣传效果差，广告投入还比较高。自转型以来，苏宁并没有将企业价值全面地传递给消费者，而它做的最让人津津乐道的一件事，就是和京东的价格战。这还是京东商城发起的话题，苏宁仅仅是应战而已。由此可见，苏宁对互联网+的游戏规则还没有熟练把握。

第四，物流和用户体验差

苏宁在全国拥有1600多家门店，仓储体系也相当庞大，这是向互联网+转型的财富。然而，这些资源并没有为其所用。它物流配送不如京东，因为京东有强大的IT系统支撑，这是苏宁所不及的。据在苏宁易购买过东西的用户反映，从注册到支付，从下单系统到客户管理系统，都是费劲得让人崩溃。

苏宁董事长张近东有一个观点：企业要做O2O，一定不要陷入两种极端的思维，一种是速胜论，认为做个网站、做个APP就是互联网+了；还有一种是速亡论，把互联网神话了，认为实体企业没有互联网经营，就做不成互联网。我始终认为互联网是技

互联网可以改变我们思维的方式，甚至生活的方式，但是永远不能替代经营本身。

术、是工具，不要神话它。互联网可以改变我们思维的方式，甚至生活的方式，但是永远不能替代经营本身。

谈到苏宁的互联网转型之路，张近东概括为持久战和两步走：持久战就是要有决心、耐心和恒心，不要想一蹴而就；两步走的第一步是加快联动，第二步是互联网+。

虽然前期的转型苏宁做得并不顺利，可因为有着强大的资本支撑和张近东的持久战策略，苏宁硬是坚持了下来。在云商平台上，经过短暂的调整后，苏宁开始进一步开拓专门适应互联网的品牌与品类。现在苏宁已经有了家电、超市、母婴、百货等不同产品的全面综合，SKU（库存量单位）总数超过了1000万。在服务上，苏宁云商也积极改进，不仅重新构建了线上的运营服务，还打造了企业核心的金融数据和物流，在物流方面通过众筹、预售、闪拍、大聚会、特卖闪购等，参与了全生命周期运营服务。

从2014年开始，苏宁进入了两步走的第二阶段，也就是"互联网+零售"的阶段。就是以互联网的技术嫁接、叠加、改造、优化线下的业务流程和零售资源。张近东说："苏宁在这六年互联网实践过程中，深刻感受到O2O不仅是做网站那么简单，要围绕用户、商品、场景，通过数据服务实现线上线下的融会贯通，由内而外地互联网化，从而满足消费者随时随地的需求，随着O2O模式的成功，苏宁的发展也进入到加速时代。"苏宁的未来让人期待。

无论传统的实体企业还是传统的互联网企业，做O2O的转型，不管从线下到线上，还是线上往线下走，都是殊途同归。张近东多次提醒传统企业，不要一谈转型就害怕，归根到底互联网的转型是一次互联网技术的升级，并不会改变企业经营的本质，就像苏宁从专业的零售到综合的零售，到现在的互联网的零售，零售的本质从来都没有变过。

认清互联网+时代行业的机遇

互联网+时代的来临，让很多中小微传统企业面临着"老办法不管用，新办法不会用"的窘境。互联网没有给我们太多适应的时间，它用颠覆性的力量冲击着我们的经济，产生了巨大的威力。各行各业的企业面临着来势汹汹的互联网，一个个前仆后继地纷纷奔向互联网+的大家庭，以期望能逃脱被淹没的可能。

可是，互联网+这个"+"并不能随意"+"，要看"+"完以后你的企业有没有增值，如果没有，那么就没有任何意义。中国互联网络信息中心(CCNIC)发布的《2014年

互联网＋这个"+"并不能随意"+"，要看"+"完以后你的企业有没增值，如果没有，那么就没有任何意义。

077

下半年中国企业互联网应用状况调查报告》显示，截至2014年12月，全国使用计算机办公的企业比例为90.4%，使用互联网办公的企业比例为78.7%。但在利用互联网方面，大部分企业仍停留在"发送和接收邮件""网上银行""与政府互动"等方面。

最为热门的O2O仅占全国企业比例的24.2%，而传统企业的O2O转型还没有出现过成功的案例。这些数据说明了我国的互联网基础设施普及工作已基本完成，而互联网+市场还有大片空白，需要传统的中小微企业去探索与实施，这是时代带来的挑战也是莫大的机遇。

率先尝试O2O的企业，都尝到了"互联网+"的甜头。据统计，这些企业开展过互联网营销推广之后，对未来投入互联网营销的意愿比较强烈，而这种投入愿望的比例有望超过80%，这些企业对互联网营销推广的效果也感到非常认同。

《罗辑思维》里有这样一个论断：有个聋哑人看人放爆竹，说怎么好好的一个花纸卷，说散就散了呢？因为聋哑人的感官世界缺少了一个维度，因此他没有办法理解爆竹是如何被引爆的。如果你没有办法理解互联网将如何改变世界，仍然认为互联网思维就是在微信、微博、京东、淘宝、唯品会上卖东西，那就跟聋哑人看放爆竹是一样的。

互联网企业家和传统行业企业家最大的区别在于前者从来不关心宏观经济，什么CPI、GDP、PMI、外贸出口、货币政策等，而后者则整天为这些忙得昏天暗地。我国政府提出互联网+之后，各个行业的企业纷纷响应。我国大多传统行业陷入进退两难的状况，而互联网公司却加速发展，前程大好。

互联网+的特色就是让企业高速成长，这一点吸引了风险资本的进入。在风险资本的"补贴"下，互联网高打免费旗帜，迅速积累起大量用户，很多企业快速发展成行业性平台，并推行互联网+的策略——"羊毛出在猪身上"。

中小微企业可能不太明白什么叫作"羊毛出在猪身上"，就是线上提供免费服务，却从线下收钱，免费提供Wi-Fi服务，却从后续服务收钱。更直白一点，是免费为你提供社交服务，却从相关的游戏里收钱。这样，形成了一种更加高级的生态系统。

中国互联网络信息中心相关专家指出：企业实施互联网+具有很大的提升空间。特别是在理解互联网+上，目前真正采用电子营销推广、电子商务等外部运营方式的企业比例并不高，在实际应用时又容易受限于传统的经营理念，照搬传统方法。对此，需要政府、传统企业和互联网服务企业三方合作，开展市场教育、降低企业互联网应用的技术和成本门槛，以实现互联网与传统经营业务的深度融合。

传统企业互联网化可以得到巨大的经济效益，能够从以前的中小微企业快速转变为商业神话般的大企业。当发现这一点之后，很多想要拥抱互联网的企业被大大地激发起来，他们迫不及待地应用互联网，似乎这样就可以如别人一样成功。他们根本就没有明白互联网改造的真正意义，只是盲目跟风的话可能会栽一个大跟头。

互联网资深人士王硕功先生说："跟紧互联网+，首先要考虑清楚你要

'+'什么样的互联网模块，然后要考虑你有没有利用这个互联网模块为你的产品带来一个技术升级，因为互联网本身就是一个技术升级的过程。"

四川马厚德羊肉汤餐饮有限公司如今是为众人所熟知的企业，该企业在刚刚成立的时候是由3人组成的传统家庭式企业。2009年开始接触互联网，将羊肉食品搬到网上做电商。那个时候互联网正是赚钱的时候，只用了几年时间，营业收入从几百万元蹿升至2700万元，其中网络销售收入每年都以近100%的速度增长，通过网络发生业务700多万元，2015年一季度同比增长70%。

他们分享自己的成功经验时说："运用互联网销售，打破了传统实体店曾经严重缺乏销路的窘境，是我们快速发展的诀窍，今年将继续扩大网络销售的规模。"

现如今，人们对于服务的要求越来越高，不仅要快速便捷，还要舒心和个性化。互联网时代用户对于个人的需求和意愿越来越重视。有一句话说得很好，"我要的现在就要"，这就是现在用户对企业产品和服务的要求。互联网为各行各业的转型提供了良好的平台和机遇。就看你能不能抓住机遇，坐上互联网+的大船了。

避开互联网+企业的层层陷阱

互联网+时代不断强调着互联网思维，很多人都觉得自己有互联网思维，在互联网方面懂得不少了。很多企业在转型的时候，就严格按照互联网思维的模式把一个自认非常完美的产品推到市场，换来的却是黯淡失败。

究其原因，是因为联网+有一定的不确定性，有些东西适合别人不见得适合你的企业。你用确定的方法解决不确定的问题就是一场以企业为赌本的豪赌，最后会是怎样的结果你自己都想象不到。谁也想不到诺基亚倒得这么快，只留下"我们并没有做错什么，但不知道为什么我们输了"的遗憾。

在《创业手册》中有句话说得很好，因为高度不确定，所有计划都会变成瞎猜。中小微企业要擦亮眼睛看待互联网，不要被各种表象迷惑，风险总是与机遇并存，只有躲过互联网+的层层陷阱，才能真正吃到互联网的大蛋糕。

在日常工作中，我们经常会发现一大堆公司仅仅是在拿互联网+几个字说给不懂互联网的人听。其实，能不能真正给原来的产业带来新的变革和机会，才是衡量投资这个模式有没有商业机会的最关键要素。在互联网经济时代，各产业竞争越发激烈，同时潜藏的商机也越来越多，规避陷阱，抓住商机，在火热的互联网+氛围中稳扎稳打，企业才能找到真正的出路。

盲目低价促销

很多中小微企业顺应时势给自己的企业"+"上了互联网，虽然多了线上销售渠道，但是客流量却并不多，很多企业都在用低价吸引客户, 价格已然低得不能再低。低价促销并不能解决实质问题, 只有融入众多有效的营销手段, 形成良性的引流机制, 才是解决问题的办法。

据不完全统计, 被低价吸引的顾客, 70%不会购买低价促销品以外的产品, 这样一来就没办法带动店内其他产品的销售。如何刺激客户的消费欲望呢? 可以试试提高客单价, 比如在饭店, 客户单次消费金额满200元, 就能获得招牌菜一份。虽然招牌菜看起来很贵, 但是饭店需要付出的成本并不高。很多客户都有贪便宜的心态, 为了获得他们看来很值的赠品, 会愿意提高自己的购买金额。

互联网的一大特点就是可以收集用户的交易信息, 这大大改善了低价促销后, 客户不再来消费的情况。有了数据库, 中小微企业可以根据消费者的消费习惯, 制定追销策略, 促进客户重复消费的次数。客户有了一定黏性, 就懒得再去别家消费, 进而成为你的忠实粉丝。

韩都衣舍电商集团董事长赵迎光认为, 互联网不是多了一个渠道, 互联网是一场革命, 传统的渠道是"陆地", 互联网则是另外的一个世界, 是"海洋", 特别是移动互联网, 加速了温室效应, 海洋在慢慢地扩大, 不断侵蚀陆地, 对于大部分行业来说, 特别是对消费品行业来说, O2O不是Online To Offline, 而应该是Offline To Online。

很多线下企业, 现在还在陆地上, 不识水性, 但是现实情况是水在慢慢地上涨, 陆地越来越小, 海洋越来越大。在互联网转型升级的过程中, 传统企业自身也存在不少问题, 这是他们必须要克服的。

成功路径依赖

大多数传统企业成功的路径都差不多：开招商会、压货给大经销商、大经销商把货分给小经销商；打电视广告做宣传、入驻大卖场、开旗舰店……然而这一套在互联网时代却行不通了，因为互联网信息是透明的。传统企业割舍不下成功路径，对向互联网转型形成了很大的妨碍，毕竟之前的处事方法不是换了口号就能丢下的。

忽略用户中心

和用户相隔太远成为传统企业的最大问题，绝大多数传统品牌商极少真正和用户打交道。如今的消费主流是年轻人，如果再如以往那样高高在上，那么就会失去企业的未来。以前因为物质匮乏，消费者品牌意识淡薄。如今是一个产品过剩的时代，品牌的价值就凸显出来了。随着消费者个性需求越来越细分，找到能够满足他们需求的目标品牌就很有必要了。

忘记产品为本

这是转型中的中小微企业最容易犯的错误，忘记了产品为本的理念。无论是线下还是线上渠道，产品本身质量过关才是根本。互联网给企业带来了巨大的影响，但如果仅从销售的角度来看，它无非也只是解决"酒香也怕巷子深"这个问题。如果酒不香，那么互联网这把双刃剑，给你在线上造成的负面影响将超出你的想象。

虽然时代在变换，但是万变不离其宗，任何时候消费者都会喜欢好的产品，质量上乘的产品永远都有需求。

学我者生，像我者死

苹果公司创始人 史蒂夫·乔布斯说："创新型人才并没有真正做什么，他们只是在看到一些事物时能够和自身经历联系起来，整合成新鲜事物。"模仿是创新的基础。创新是由80%～90%的模仿、10%～20%的创新组成的。西方有一句非常著名的谚语："重新发明轮子"。汽车制造商通过研究摩擦原理来制作车轮是愚蠢的，重复劳动是对社会资源的亵渎和浪费。

《超级模仿》一书提出了"不要摸着石头过河"的说法。作者认为，你不需要摸着石头过河，只要你愿意主动地向"成功过河者"学习，问他们"石头在哪里"，而不是自己盲目地随便去摸，只要你踩着成功者的脚步向前走，就能以最快的速度到达成功的彼岸。

在雾中驾驶时，跟着前车的尾灯灯光行路会容易得多。在充满未知的未来，中小微企业与其自己两眼一抹黑地摸索，不如学习先行者。但是，在互联网+时代，单纯模仿别人的成功，往往意味着你的失败。就像业内传颂的那样："打败微信的，绝不是另一个微信。"

中小微传统企业要向互联网跨界，并非只是新瓶子装旧酒，更不是简单地运用几款互联网工具，而是要结合自己的核心竞争力和优势资产，以互联网+为基础拓展新的销售渠道、新的企业价值链，达到增强核心竞争力和资产增值的目的。

如果你的产品是书籍，你再开一个当当或者亚马逊之类的网站，只会被大企业快速击溃而已。如果你卖衣服，非要再开一个天猫，那也只是自取灭亡罢了。商业模式可以类似，但决不能照搬硬套。

行业与行业不同，产品与产品不同。在强调个性化的今天，传统行业要根据自身情况互联网化，这样才能尝到互联网+的"甜头"而不会莫名其妙地死掉。就好比餐饮O2O的外卖平台越来越火热，家装建材O2O平台也正在崭露头角。互联网+是不可逆转的趋势，中小微企业必须懂得如何打造专属于自己的商业模式。

互联网时代，中小微企业要懂得利用自己的优势，发挥奇妙的跨学科设想，说不定就能创造一个新的天地。黑莓手机的诞生，来源于无线技术传输+计算机技术。乔布斯与迪士尼达成利益分成合作后，互联网传播音乐的可行方案出现了。

互联网+时代很多产业巨头能够走在时代前列，是因为他们有博学而又专业的T型人才。人们耳熟能详的很多有突破性的产品并非只是在电信领域孕育出来，大多都源于T型人才的科学思维，在物流是采用资源整合还是合纵连横方面，这些人才都有着不容小觑的实力。

微信笑傲江湖的地位，并不是没有人企图撼动过，如来往和易信，但是他们都失败了。与他们不同的是，陌陌成绩不俗。陌陌从不标榜自己与微信同在一条赛道，他有自己的商业模式。陌陌更加懂得搭讪是一种需要技巧的情调，也宣称兴趣是用来区隔出不同的物种。在崇尚个性化的时代，陌陌似乎更懂得年轻人的调调。

基于传统企业和移动互联网的链接，未来属于善于用科学思维来思考问题的人。中小微企业应该擅用互联网+的跨界能力进行创新，进而成为在传统企业玩转互联网、在互联网领域掌握传统精髓的企业。

2015年4月30日，加多宝上线了"金罐加多宝2015淘金行动"。为了完成企业的转型与升级，加多宝可谓是"疯了"，正式对外公布了"全球招商"计划，宣布开放加多宝数十亿金罐用户流量资源，面向所有品牌寻求合作。

加多宝作为快消品，可谓是打破了规矩。它的互联网模式是这样的：用户口渴了买加多宝解渴，然后通过扫罐子上的二维码进入互联网生活圈，可以链接其他朋友。这种方式让用户不再因为消费快消品而显得孤单，让加多宝的罐子成了生活圈中的便利入口。

加多宝的"淘金行动"仅上线10天，微信平台就派出了超过300万个金包。加多宝官方表示，加多宝的未来是希望可以串联起用户数以万计的生活方式。而金罐加多

中小微企业应该擅用互联网＋的跨界能力进行创新，进而成为在传统企业玩转互联网、在互联网领域掌握传统精髓的企业。

宝的主题就是围绕美食、娱乐、运动、音乐四大主线，以现有资源为基本，每个月都会为用户提供心动福利。

有专业的业内人士评论，加多宝的战略是传统企业的一个逆袭，因为它是传统企业用传统产品做出了互联网平台。通过扫罐身的二维码就可以将那些看似毫无关系的产业产品联系起来，进而形成一个巨大的网络圈子与流量。这些流量就是构建平台和生态的基础，加多宝为传统企业转型互联网提供了榜样，是值得借鉴的。

新玩法：
向大佬学习用互联网模式开辟新业务

雷军用七个字来概括他的互联网思想，他命名为互联网七字诀：专注、极致、口碑、快。专注就是聚焦一款产品，并在这款产品上下足功夫；"极致就是把自己逼疯，把别人逼死"，不给自己留退路，全力以赴；口碑就是把用户当作朋友看待，让用户成为自己的粉丝；快就是快速反应。

小米手机：硬件+软件+互联网服务的"铁人三项"

目前，提到互联网思维，很多人的想法是互联网思维=手机+互联网，之所以出现这样的错误认知，很大的可能是小米的影响。雷军被认为是互联网思维的提出者，他是如何以手机搭建起互联网模式的呢？

2010年4月6日，雷军跟他的创业团队一起喝下"小米粥"之后，宣布小米公司正式成立。8月16日，小米团队推出了首个内测版MIUI，随后在12月10日，发布了米聊Android（安卓）内测版。在小米的企业注册信息中，它的经营范围包括：手机技术开发、手机生产、手机服务。可因为雷军做软件的背景，再加上MIUI和米聊的推出，一开始，外界一致认为小米是一家软件公司。

2011年8月16日，小米手机在网络上高调发布，一直保持低调的雷军高调亮相，以一身与乔布斯极其相似的装扮亲自登台推荐小米，一时间，雷军的新外号"雷布斯"和小米手机在网络上广为传播。这个时候，大家才恍然大悟：小米不仅仅是一家软件公司。

那么，小米的业务模式是怎样的呢？

雷军有一个"铁人三项"的提法解答了大家的疑问，雷军说："小米模式就是'铁人三项'。小米=硬件+软件+服务，大家觉得我们是手机公司，其实不然。我们是用最好的材料，做最好的手机硬件，再通过互联网方式在安卓基础上做的系统，每周更新，使小米手机内在的体验远远超过同行。"

在雷军的规划里，硬件方面，小米会跟世界一流的供应商合作，对芯片、对配件的质量精益求精，并且每一款小米手机都会在保证品质的同时，以几近零利润的价格卖给用户。

软件方面，MIUI系统采用互联网开发模式，小米会积极吸收用户在论坛中提出的意见反馈和需求，来制定研发方向，并在一个星期内做出快速更迭。据了解，MIUI系统有三分之一以上的功能是用户定义的。MIUI系统与广大网友紧密相连，为小米提供了源源不断的粉丝源。

互联网服务方面，因为有了庞大的粉丝群体，小米网络销售和零成本广告的模式取得了巨大的成功。

那小米应该如何赢利呢？

在小米成立之初，当被问到小米赢利的问题时，雷军说："这个问题我现在还没有办法回答你，就如同十年前，你拿着枪逼着腾讯创始人马化腾，他也说不出QQ能靠什么赢利一样。百度和腾讯的崛起已经充分说明了这个道理，用户为王，只要有了用户，就不愁没有赢利。"这个阶段，雷军在融资的时候，都会向风险投资机构提前申明：3到5年之内别想着回报，否则就别投资小米。

到了2013年6月底，全国范围内小米共有1422万手机用户，MIUI用户突破了2000万。这个时候，小米的赢利模式才真正清晰了，MIUI系统可以嫁接一切移动互联网的赢利模式，包括社交游戏、广告、搜索分成、小说、流量、购物等等，小米可以自己开店运营互联网产品，比如，壁纸、音乐、云服务、小说阅读等可以收费的项目，还可以通过合作形式向进驻的软件收取进场费、佣金返点。这就成为小米的一大利润源。

另外，在推出小米手机的同时，小米还推出了很多围绕手机的周边配件产品及粉丝产品。周边配件产品包括手机壳、保护膜、耳机、音箱、移动电源、电池等，几乎涵盖了一切手机外设配件。粉丝产品有T恤、背包、玩偶等生活相关产品。这些产品跟小米手机相比，并不是那么便宜，利润空间比较大，这也成了小米的另一利润来源。

雷军对小米的未来规划是做一家小餐馆，让顾客常常说"老雷给留个座"。雷军强调的不是小米的规模，而是小米与用户的关系，相对于大餐馆，小餐馆的顾客一般都是老顾客，顾客与餐馆的关系比较亲近，从收银到厨房，顾客都能叫出名字，而对于顾客的喜好，甚至家庭状况，小餐馆的人都会很了解。大餐馆的菜单是固定的，不会照顾到某个顾客的特殊需求，而小餐馆却能做到，辣还是不辣，酸点还是甜点，它会灵活地根据顾客的需求做出调整。

一直以来，小米就是以"小餐馆"的做法在经营客户关系。据不完全统计，小米论坛有将近1000万的用户，空间用户超过1000万，微博粉丝300多万，微信粉丝约280万，通过这样的社交矩阵，粉丝们源源不断为小米提供各种产品、服务建议，并自发进行口碑传播。

雷军认为小米手机的成功就体现在用户能够容忍小米手机80%到90%的问题。对于互联网来说，用户的一点抱怨都可以被无限制地放大，可见，用户的容忍是多么可贵，雷军把客户的这种忠诚、认可看成是小米最大的成功。的确，小米创建以来，它最根本的成功不在于不断更迭的MIUI系统，也不在于每年推出的爆款手机，它真正的成功在于打造了一个有互联网基因的、与用户亲密互动的、令用户感到亲切的品牌，它独一无二的"米粉"文化是小米傲视国内其他手机品牌的根本。

目前，不少手机制造企业也在尝试着搞"铁人三项"，搞粉丝文化，可无人能超越小米，要知道，小米能获得用户与粉丝的认可并不容易。

雷军要求包括工程师在内的所有员工"要把用户当朋友，不要当上帝"，当朋友使用小米手机遇到任何问题，无论软件还是硬件，无论方法还是技巧，甚至产品本身存在问题出现Bug，都要以解决问题的思路提供帮助。"朋友"与"上帝"的区别，是亲密度高的携手同行，而不存在仰望崇拜的距离感。

一直以来，雷军都以实际行动传递"把用户当朋友"的产品思维：与记者交流发现手机录音的痛点，他就主动担任MIUI录音机的产品经理。经常被朋友问及"如何把手机屏幕截屏存成图片"，他就找来MIUI产品经理研究一键截屏功能。发现用户在小米论坛和MIUI经常交流讨论，他就发起"100万征集手机壁纸"活动。

潜移默化中，"产品思维"已成为小米企业文化的重要组成部分。小米采取许多颠覆性创新的办法，逆反常规，帮助工程师认知并形成产品思维。大多数公司都严禁员工在工作时间上网聊天，小米却始终鼓励，并且要求所有工程师通过微博、微信、论坛、QQ等社交工具直接与用户联系，让他们直接面对每个程序、每段代码给用户带来的变化。如果有新产品发布或上线，他们会第一时间得到用户的反馈，包括表扬称赞和改进意见。

小米还要求工程师参与粉丝聚会的线下活动，面对面交流，小米公司联合创始人、副总裁洪锋认为，这样的活动让工程师知道他们做的东西在服务谁，让他们感受到用户不仅仅是一个数字，是一张张脸，是一个实实在在的人物，甚至有女用户、女粉丝非常热情地拉他们过去求签名、求合影。当这些"宅男"工程师觉得他们写程序不是为了小米公司，而是为了他们的粉丝在做一件工作的时候，这种价值实现是很重要的。

"极致，与生俱来。"这是小米手机2S发布时的一句广告语。"极致"是小米模式的一个关键。

雷军说，极致是做到自己能力的极限，极致就是要做到别人想不到、看不到的东西，而且要做得非常好。为了做到这一点，创业之初，小米就坚持只跟极致的供应商合作，小米会无限改进系统性能，会不断提升产品质量，会以让用户尖叫的价格推出产品。

有一次，雷军推介红米手机。他先是拆开塑封，说这个塑封是由富士康生产的，是世界一流的；接着掀开包装盒，他又说，这是用进口纸浆做的，保证不会掉屑；然后，他拿起了装充电线的袋子，说这是用磨砂袋子装的，而其他厂家一般都会用个透明塑料袋就完了；之后，他拿出充电线，说这是用橡胶圈套的，其他厂家一般会用一根铁丝缠住……

还没看到手机长什么样，仅仅从这些外部的产品包装上，用户就能感受到小米专注与极致的魅力，有了这样的做事态度，产品品质自然是不在话下了。

雷军用七个字来概括他的互联网思想，他命名为互联网七字诀：专注、极致、口碑、快。专注就是聚焦一款产品，并在这款产品上下足功夫；"极致就是把自己逼疯，把别人逼死"，不给自己留退路，全力以赴；口碑就是把用户当作朋友看待，让用户成为自己的粉丝；快就是快速反应，用户提出的意见被小米采纳后，只需要一个星期，就能体现在MIUI系统的更新中，这在传统手机企业是想都不敢想的。

外界不少人在研究、学习、模仿小米模式，他们需要清楚的是，小米的成功不是偶然的，也不是借着一股互联网的东风就吹起来的，它的背后有着无数的心血和付出。

滴滴快的：开创智能交通新领域

乘客车费立减10元，司机立奖10元。

乘客每单减免随机6~15元，乘客返现3~5元。

乘客补贴归零。

司机补贴"归零"。

2014年，滴滴与快的的补贴大战刷新了社会大众对互联网模式的认知，从一开始的怀疑，到后来的尝试，再到后来的疯抢，他们到底是在"闹哪样"呢？

当时，滴滴创始人程维很坦白，滴滴用两年的时间烧了15个亿，可赢利模式仍不清晰。但对于这个打车项目，程维包括他后面的投资人却十分看好。

滴滴快的是真正把无线作为一种技术，它的最大功用是解决了信息不对称的问题。以前空车和消费者信息是不对称的，两者之间还有一个中介是出租车公司，他们要实现信息对称的成本非常高，并且效率很低，但是随着移动互联网的发展，手机为信息匹配提供了很好的媒介，把这两者信息连接了起来。

有了打车软件，叫车难、空驶空跑的情况肯定会发生改变，整个社会出行消费成本也会降下来。有统计资料显示：全球最大的30个城市每年因交通堵塞而产生的成本超过2660亿美金，而交通工具的互联是必然的发展趋势。程维确信，这种模式肯定会颠覆产业，并带来创新和机会。

在创业之初，程维就确定了"反其道而行之"的战略。

首先，虽然是一家移动互联网公司，他却采取了线下驱动的"地推策略"开拓市场。滴滴打车的地推团队跑遍了全国二三十个城市，他们的工作是给司机一个个讲清楚这是一款什么样的软件，帮他在手机上安装好，同时给他一个传单，告诉他之后可以这样去接单。通过这种最传统的方式，他们教会了十几万个司机近千万个用户使用。

地推的第二步就是推广。与常见的花钱在媒体上推广不同，滴滴采用了直接补贴用户的方式、免费让用户尝试的方式，这样用户的打车费用不仅可以减免，或者可以免费，甚至还能倒赚，自然得到用户的广泛认可，并乐于向身边的朋友介绍。而一点即燃的快的与滴滴的补贴大战无疑成了一场轰动的秀，成功地把此次投入的影响力做到了最大。这场大战成功实现了一次国内外罕见的卓有成效的"市场教育"目标。根据最终披露的数据，大战持续至2014年3月底，滴滴打车用户数增加了7800万人。

有了一定的用户基础，滴滴打车紧接着开始充分利用微信的平台优势，推出红包营销——针对打车用户给予线上红包奖励，同时鼓励用户将红包在微信朋友圈中分享。这一带有趣味性和激励性的玩法迅速激发了用户的使用和分享热情，无论对于老用户留存还是新用户的激活都带来了极大的提升，"滴滴红包模式"也开创了企业红包营销的先河。

至2014年9月9日，滴滴打车上线两周年，覆盖城市近300个，出租车司机用户超过100万，乘客用户超过1亿，日成交订单超过500万，滴滴打车由此成为全球最大智能移动出行信息平台。

互联网时代，产品就是生产力。程维从创业之初就一直很关注技术研发与产品升级。他的背后有一支强大的技术开发团队，滴滴打车APP从没间断过进行完善升级。在滴滴的应用范围越来越广的时候，程维注意到一个出租车行业长期存在的问题：高峰时段，司机宁愿在路边睡觉也不想去拉活，不好的路段，司机们都不乐意去，他们会直接拒载。在打车软件出现后，这种情况仍旧没有改善，出现了"好单"大家都在抢，但"差单"却无人接的问题，司机通过比拼手机和网速来抢单。为了改变这一状况，滴米应运而生。

滴米是滴滴打车推出的一个积分奖励系统，该系统是通过对大数据的分析和把握而推出的一种新调度方式。滴米在司机端是以虚拟积分的形式呈现出来的。对于司机来说，行驶里程多、道路状况好的优质单会扣除滴米，而行驶里程较少、道路状况拥堵的劣质单则会奖励滴米。当乘客端发出叫车需求，而此时有两辆车与乘客的距离是一样的，那么谁的滴米多，谁获得这个订单，以此鼓励司机为接到好单而多累积滴米。

而这一切的背后是强大的互联网技术支撑。据了解，为提升用户成功叫车的概率，滴滴打车在技术上设立了很高的门槛和壁垒，招募到国内最出色的算法专家，并与一些高校和科研机构合作，研究如何才能持续优化出租车的调度。滴滴打车自身更有一个精准的大数据算法，它会以订单为中心，结合司机与乘客需求、附近环境因素等条件给出最好的订单分配方案。

数据显示，使用滴滴打车软件后，94%的乘客打车等候时间缩短到10分钟内，等候时间在10分钟以上的乘客比重下降了29.9%；滴滴打车一方面给乘客带去了便利，更为重要的是，他减少了出租车司机50%的空驶，减少了油耗、缩短了工作时间，大大改善了出租车司机的工作与生活状况。

2014年8月，滴滴开始加速在全国范围推进专车业务，这是它除了出租车业务之外的一个重要的业务板块，致力于满足那些因景区门口公共交通不方便，又打不到出租车的用户需求。在业内人士看来，未来的滴滴打车必将以打车服务为核心，进一步衍生出更多用车服务，如代驾、试驾、购车服务等等，打车APP市场呈现向纵深发展态势。

2015年2月14日，快的打车与滴滴打车正式合并，合并交易后结束双方日益升级的用户争夺战，创造一个在打车和专车市场具有主导地位的公司。据《华尔街日报》报道，二者合并后市值将达60亿美元，极高的市值证明程维之前的烧钱行为是正确的。

三只松鼠：小电商也可以做成大品牌

用户思维是最主要的互联网思维，没有认同，就没有合同。所谓用户思维，是指在价值链各个环节中都要"以用户为中心"去考虑问题。作为商家，必须从整个价值链的各个环节，建立起"以用户为中心"的企业文化，只有深度理解用户才能生存。对于大多数传统企业家来说，他们的用户思维意识比较弱，一般都是受互联网时代所催生的社交方式的影响，不得不去关注消费者。在这点上，三只松鼠的创始人章燎原先人一步走了出来。

三只松鼠于2012年6月在天猫上线，65天后成为中国网络坚果销量第一名；2012年"双十一"创造了日销售766万元的奇迹，名列中国电商食品类第一名；2013年1月单月销售额超过2200万元；至今，累计销售额过亿元，并再次获得IDG公司600万美元投资。在电商越来越不好做的感叹声中，三只松鼠走出了不一样的道路，而三只松鼠的成功正是源自对用户思维的把握。

三只松鼠有没有赢得用户的心呢？下面我们来看看用户点评：

第一次买的时候完全是因为冲动下单，事实上淘宝上有很多卖家的坚果比他们家便宜，那些卖家开店时间比较早，信誉也很好，我之前也有固定买坚果的店，但是当我看到广告位上他们的包装时，瞬间被吸引了。

恰逢春节，我就试探性地买了一个"森林大礼包"，货到了之后首先看到松鼠家自己的包装箱上有一个方便开箱的小工具，不用去找剪刀之类，顺利开了箱之后，发现里面每一包的包装都很精美，每一包坚果里面都附含一个封口夹，这对坚果简直太重要了！完全替我们考虑到了受潮肿么办（怎么办）的问题！

夏果每袋里面都有开口器，一想起曾经好几次在淘宝买到没配有开口器的夏果只能干瞪着眼最后沦为我爷爷的掌中转着玩的玩物，就一把辛酸泪！

然后吃坚果总有很多壳吧，随产品还附赠坚果壳纸袋、湿巾，还有大麦茶、花茶和试吃产品之类……

总之就有一种我是一个被精心善待的吃货的感觉，像国王一样在吃坚果……

然后同事一看就受不了了，纷纷表示也要买，于是他们也下单，我也又买了不少。

后来我们买坚果基本都在他们家买，每个人又带动了一批身边的朋友。

我春节送礼过去的那家亲戚，吃完之后自己也去买了……

卡通形象的包裹、开箱器、快递大哥寄语、坚果包装袋、封口夹、垃圾袋、传递品牌理念的微杂志、卡通钥匙链，还有湿巾……通过这些小细节，三只松鼠带给了用户非同一般的消费体验。

360总裁周鸿祎把互联网时代定义为"体验为王的时代"，他认为，在互联网时

在互联网时代，产品是否能够成功，用户体验越来越变成一个关键，用户买了你的产品，并非是与你结束了交易。

代，产品是否能够成功，用户体验越来越变成一个关键，用户买了你的产品，并非是与你结束了交易。恰恰相反，当用户拿起你的产品，使用你的产品的时候，用户体验之旅才真正开始，而用户的体验之旅是否愉快，将直接影响到你的口碑，影响到你的销售。

谈到用户思维，章燎原做了一个比喻：过去，商家和消费者的纽带就是一个货架，货架上有货消费者就买，即使不满意他们也不会选择另外一个品牌，此时，消费者购物的途径很有限。但在互联网时代，消费者和商家的联系其实就是一条网线，这条网线很脆弱，消费者不满意就会下线。因此，在互联网时代，商家要用心去维护和消费者的关系，要去打动他们，这就像谈恋爱一样，我们要极力让他们满意，防止他们离开。

章燎原认为三只松鼠成功的关键就在于：注重在情感方面迎合新兴消费群体，始终把用户放在第一位，考虑用户的感受。那么，三只松鼠是如何打动消费者的呢？

互联网时代，好的用户体验应该从细节开始，并贯穿于每一个细节，能够让用户有所感知，并且这种感知要超出用户预期，给用户带来惊喜，贯穿品牌与消费者沟通的整个链条，在这些方面，三只松鼠从没有停止过努力。

"主人，松鼠家夏果都赠送您开果器呢。""主人"，这种听起来有点"肉麻"的称谓，正是三只松鼠的首创。在章燎原看来，与传统的坚果销售方式不同，新一代消费者对产品和服务有着特殊需求。"现在已经不再是一个物质匮乏的时代，大众不仅追求功能性的满足，同时还需要寻求情感寄托。"

为此，三只松鼠从品牌名称到整个服务链条，都在营造一种"萌萌哒"的氛围。它的动漫logo萌态十足，它的页面是狂抓眼球的宝贝首图，它的包装是冲击力十足的大头包装，再加上在线客服的说话方式，整体都让"80后""90后"网购主力人群倍感亲近。

章燎原说，作为公司的掌舵人，他每天最多的时间是用来看消费者反馈的数据，其次是关心一线员工的诉求，最后是看书，思考未来的方向。他认为，看消费者的反馈，主要是抓客户投诉，这里有着公司未来改进的方向。而关注一线员工诉求，是为了让员工以更好的面貌与消费者接触。除了思考企业未来方向外，他的大部分精力其实都放在了为用户服务上。

据统计，目前，三只松鼠每天会接到两万多个订单，其中有一半消费者会选择在线对商品进行评价。通过在线评价，消费者可以实时对产品提出不同意见，最终促使产品品质和服务获得持续改进。

另外，为了让消费者以最低的价格拿到最新鲜的产品，三只松鼠坚持互联网直销的方式，拒绝分销，以此缩短企业生产到用户之间的距离，使产品新鲜度保持得更好，尽可能压缩中间环节，使产品价格更具竞争力。

做大众消费品的人已经深刻地感觉到，今天，消费者的话语权越来越强，如果你的产品做得好，不久就会口口相传；如果你的产品做得烂，不久就会骂声一片。互联网的出现，使消费形式更加扁平化，使得消费者口碑传播速率提升。任何评价都能影响其他人，因此提升消费者的满意度决定了企业的生存。三只松鼠一切以用户为中心，战战兢兢，这才愈走愈远。

《罗辑思维》：商业生态社群是未来商业的主要方向

"90后"说，《小时代》太好看了，他们争相涌进电影院，为《小时代》创造了几个亿的票房。"60后"迷茫了：《小时代》到底讲了个什么故事？

"80后"说，我每天起床的第一件事是刷微博，睡觉之前的最后一件事是刷微博。"50后"迷茫了：围脖不是围的吗，还能刷啊？

提到互联网+，"去中心化"总会被频繁提及，所谓去中心化，是指随着主体对客体相互作用的深入和认知机能的不断平衡、认知结构的不断完善，个体能从自我中心状态中解除出来。对此，《罗辑思维》的罗振宇有过这样的论述：

现在互联网已经让中国社会从一个大群体，分裂成了无数个小群体，在你这个群体里已经闹翻天的事情，在群体外根本没人知道。《海贼王》谁看过？没玩过魔兽世界，没玩过刀塔传奇，你根本不知道年轻人在说什么。互联网正在把人群切成一小块一小块的，以往全套的传播方法论正在崩塌。

因为人群去中心化的特征，现在覆盖大众传统传媒的广告行业面临着生存的考验，电视广告、报纸、杂志、纸质图书都陷入了生存的僵局，《罗辑思维》却偏偏从中间踏出了一条新路。

2012 年 12 月 21 日，传说中的世界末日，知名传媒人罗振宇、NTA传播创始人申音、资深互联网人吴声，三人合作打造了知识型脱口秀视频节目《罗辑思维》，以 "有种、有趣、有料"的口号，"死磕自己，愉悦大家"的态度，做了一个互联网的读书求知社群。

初期的《罗辑思维》，以"80后""90后"的年轻人为用户主体，"U盘化生存""人格魅力体""互联网思维"等诸多具有鲜明时代特征的定义，很快吸引了一大批粉丝。紧接着，罗振宇开始了各地的社群活动和群体性演讲，在本身集结人气的影响下，迅速形成了线上品牌向线下品牌的迁移能力，并逐步积累起人气。

2013年8月9日，罗振宇推出了"史上最无理"的限量付费会员制。罗振宇规定：《罗辑思维》未来的会员，最多发展10万个。一般的会员每年收费200元，铁杆会员每年收费1200元。第一次招募会员限5000个名额，第二次招募会员的时候，只开放24小时，只许用微信支付。

为什么要制定这么苛刻的条件呢？罗振宇说，这是为了把对的人挑出来。首先，愿意捐点钱的人，都是真爱我们的人。其次，愿意加入我们的人，不会因为使用微信支付（当时微信支付应用并不广）而感到麻烦。最后，只开放24小时，是因为我们要挑选那些每天一直听《罗辑思维》微信语音的人，攒着几期听的，只会错过。罗振宇之所以设定这些严格的甄选标准是在为后期的商业社群打基础。

罗振宇认为，所谓商业生态社群是由品牌忠实消费者依靠对品牌的情感利益而建立起来的社群。这种社群不基于地理性质，而是通过情感连接，建立了强烈的归属感，形成了一个稳定有秩序的品牌维护组织。这种归属感就是建立在对品牌的忠诚和高度认可，以及品牌形象和自身性格、价值观、自我展现形式的一致性上。

互联网的未来，是企业告别了高高在上的姿态，开始以体验设计为核心，与用户共同创造新的商业模式。协调多方关系，构建商业生态社群，成为未来商业的主要方向。

在媒体收入整体萎靡的时代，在首次试水付费会员制时，6个小时内罗振宇便从粉丝的口袋中"捞"出了160万元，在第二次会员招募中，仅仅用了一天就募集到了800万元。VC圈对《罗辑思维》的估值上限达到了1亿元。

《罗辑思维》的成功凭借的是什么？是内容？是模式？罗振宇认为，更重要的因素是人格。他认为，未来的传媒将不再以信息为核心，而代之以人格为中心。魅力人格体将是新媒体时代最关键的传播节点。受众在被细分之后，会基于兴趣和对不同自媒体人的喜爱，而发生分化与重组，最终形成一个个高黏度、高聚合力的社群组织。与大众传播下的规模经济模式不同，未来社群组织的生存将遵循范围经济的逻辑。

在《罗辑思维》的整个运作过程中，人格的因素非常常见。《罗辑思维》的命名本身带有强烈的个人色彩，很多人正是因为佩服罗振宇广博的知识面、欣赏他令人耳目一新的思考方式而喜欢这档节目。《罗辑思维》的粉丝自称"罗友"，把罗振宇推荐的书单昵称为"罗胖书单"。而罗振宇自己说，未来互联网社会的基本组织形态将包括两个部分：一是推荐，二是信任。相比冷冰冰的物化的客体出版社，暖色的"人"更易在人际传播的社交媒体时代获得信任。

《罗辑思维》每期视频（媒体）的点击量超过 100 万，微信粉丝达到了108 万。按每个人通讯录有100个好友（邓巴数字是150）计算，《罗辑思维》能覆盖1亿人。而且大部分是微信上非常活跃的铁杆粉丝、代表未来的年轻人！这为《罗辑思维》未来的商业活动打开了大门，它的商业价值将不可限量。

未来互联网社会的基本组织形态将包括两个部分：一是推荐，二是信任。

目前，《罗辑思维》逐步推出了求包养、现场活动、出书、会员罗利、社群征婚、霸王餐、失控儿童节、众筹定制等一系列会员活动。在这个过程中，《罗辑思维》从混杂的会员社群向高端精英群体变化，其活动也逐步向企业家培训、商业链接、品牌互推等高端商业化活动变化。

罗振宇说过，新媒体的本质就是社群，未来《罗辑思维》有可能会形成一个"类交易所"机制，它可以帮创业者融到一切东西：包括钱、品牌、初始用户、传播渠道，任何人的一点可以商业化的禀赋都应该可以通过类交易所机制完整释放出来。这种类交易所模式，就是社群商业的一种体现。

雕爷牛腩：传统餐饮的互联网玩法

雕爷牛腩在搞网络游戏界最常玩的封测，邀请了很多明星大腕。据说，韩寒带老婆去雕爷牛腩试吃，因为没有预约，被拒之门外，托了个关系才进去了！据说，雕爷牛腩连苍井空都请去了！据说，雕爷牛腩是北京城撞星率最高的餐厅！餐厅也搞封测，不少明星捧场，只招待被邀请人士……在正式营业之前，雕爷牛腩就受到了明星们的热捧，并得到了无数口碑传播，在互联网上火得一塌糊涂。

雕爷牛腩的创办者叫孟醒，互联网名人，网名雕爷，是淘宝最大的精油品牌阿芙的创始人，在他的手中，阿芙精油在淘宝上占据了60%的精油市场份额。虽然并非做餐饮的专业人士，但雕爷的出身注定了雕爷牛腩必定要充满互联网式的玩法。

作为经济晴雨表的餐饮行业，近几年遭遇21世纪以来最大的"行业寒冬"。据中国烹饪协会发出的分析报告，2013年1~2月份，全国餐饮收入4030亿元，同比增长8.4%，比前一年同期下降4.9个百分点，这一同比增幅相较于2012年下降了36.8%，而且是近十年来，1~2月份数据第一次出现个位数增幅。特别是限额以上企业的餐饮收入1278亿元，同比下降了3.3%，比去年同期下降17.3个百分点，出现了中国餐饮业改革开放以来的首次负增长。传统餐饮业已走入了发展困境，雕爷牛腩以互联网思维方式经营餐厅的运营模式为餐饮行业指明了一个新的方向。

互联网思维中有一种简约思维，指的是在产品设计上，力求简洁、简约，这种思维源自互联网时代信息爆炸，消费者的选择太多，选择时间太短，用户的耐心越来越不足，因此，讲究少即是多。

雕爷牛腩的简约思维体现在菜单设计上。雕爷牛腩菜单的SKU（库存量单位）比麦当劳还少，菜谱恨不能就一张纸，加甜品才二三十道菜，但每一道都极尽巧思，恰到好处。主菜只有12道，主打牛腩的秘制配方，雕爷花了500万元，从周星驰电影《食神》中的原型——香港食神戴龙那儿买断而来。戴龙经常为李嘉诚、何鸿燊等港澳名流提供家宴料理，是香港回归当晚的国宴行政总厨。

除了主菜，开胃小菜、沙拉、甜品一样也不能含糊。为了精选食材，雕爷牛腩开始时就在1斤芝麻菜中扔掉8两；在10枚鸽子蛋中只会挑出1枚合格的。虽然"成本像坐上了火箭"，但雕爷认为，这个交学费的过程也精选出了更好的食材供应商。

互联网思维讲究极致，指对产品和服务体验做到极致。互联网时代的竞争非常残酷，只有产品和服务给消费者带来的体验足够好才有可能真正抓住用户，真正赢得人心，供应过剩的年代做不到极致，就很难在市场立足。

雕爷牛腩的极致思维体现在服务细节上。雕爷牛腩光米饭就有三种选择：日本越光稻（日本国宝级大米）、泰国香米、蟹田糙米，都是纯有机的。前两种更符合一般人的口味，饭碗很小，免费无限吃。它的餐具都是特别定制的。吃面的碗接触嘴的部分很薄、很光滑，但是其他部分厚且相对粗糙，这样人喝汤时，嘴唇接触的部分会有好的触感，但端碗时粗糙厚重会给人以安全感。

它的每双筷子都是定制、全新的，用的是缅甸"鸡翅木"，上面激光蚀刻"雕爷牛腩"。吃完饭，筷子和牙签放入一个精致的纸套，可以带回家留念。此外，面碗在8点30的位置开一个拇指槽，让端的时候更稳固，而在1点20的位置也开了一个槽可以把筷子和勺卡在那里，喝汤时筷子和勺不会打在脸上。雕爷认为，只要达到超出顾客预期的满意度，提供高频次、反复消费的优质产品和服务，一定会赚钱。

通过互联网引爆关注，微博引流兼客服，用微信做客户关系管理，逐渐形成粉丝文化，这种互联网的套式，雕爷牛腩用得更是炉火纯青。

在雕爷看来，微博是用来引爆和传播的平台，也就是做流量的工具，而微信则是用来维护用户重复购买率的。开业前期的封测，雕爷就在微博上首试牛刀，赢得了超高的关注度。在后期的日常经营中，雕爷牛腩上新菜会通过微信发给老用户，有图片、有文字、有口味描述，不在微博上发，以体现老用户的专属性。

雕爷牛腩的VIP卡也是建立在微信上的，用户需要关注雕爷牛腩的公众账号并且回答问题，通过验证后就能获得VIP身份。在雕爷牛腩有一个专门的VIP菜单，是不给普通用户看的。在互联网上，这种玩法已经很普遍了，比如QQ的一些身份特权等。虽然申请VIP身份是免费的，但也有很多用户申请不到，这是因为申请微信VIP的问题单中可能会有这样的问题"你喜欢吃奶酪吗？"，如果回答是不喜欢，可能会被扣分，最后导致申请不过。

互联网思维中最重要的就是用户思维，雕爷牛腩在经营中，极其重视用户的反馈。雕爷每天都会花大量的时间盯着大众点评、微博、微信，用户只要对菜品和服务不满，都会立刻得到回馈。比如，粉丝认为哪道菜不好吃，这道菜就可能会被新菜品取代，粉丝就餐过程中哪里不满意，可以凭官微回复获得赠菜或者免单等。作为公司"一把手"，雕爷每天都会亲自做客服处理差评，对用户评价的重视使得用户反馈成为整个公司员工的"天条"。

一个毫无餐饮行业经验的人开了一家餐馆，仅两个月时间，就实现了所在商场餐厅坪效（衡量商场经营效益的指标）第一名；VC投资6000

万，估值4亿元人民币，这是雕爷牛腩创造的经营奇迹。雕爷牛腩用互联网思维方式给传统企业提供了一个很好的借鉴，正在做传统型产品的企业不妨先把之前的经验和传统套路做一次清零，然后想想，产品怎么定位，客户怎么细分，怎么能在"互联网+"中实现最大化的效益。

6

1+1>2：
线上和线下结合起来才是关键

随着互联网＋的快速发展，线上销售也越来越倾向于为用户提供个性化的、定制化的全方位专属服务。就好比免费送货上门、手机用户专享优惠服务、在线产品个性化定制服务和产品售后维护保养等等。这些优质服务在一定程度上吸引了顾客，更别提线上还配合着各大网站实行全网营销，实现传播渠道的控制。

"互联网＋O2O"的机遇与挑战

2015年"两会"中，李克强总理清晰定义了O2O："以互联网为载体、线上线下互动的新兴消费"，强调要将O2O搞得红红火火。O2O和互联网+是什么关系呢？

O2O是互联网+这一国家战略的重中之重，是实现互联网+的重要方式和手段。有媒体报道过卖烧饼的大妈因为在微信上开通了预定业务，使生意红火了很多。

当你的企业还在通过线下货架来陈列商品，雇佣精练导购来进行商品介绍，通过收款台排队收银的时候，一些先进企业已经在运用O2O让用户通过手机在线上搜索了，从产品种类到产品价格及用户评价一目了然。

客户还可以从线下扫二维码，然后到线上看产品的详细介绍，然后在线上收藏或购买。购买用手机直接支付的话，还省去了排队时间。对产品或品牌有什么意见，在线上还可以与品牌厂商进行实时的一对一互动，充分体验互联网带来的便捷服务。这就是互联网+O2O的应用场景。

时代在变换，中小微企业要重视起O2O来，其通过互联网和移动互联网、手机的LBS等，可以和更多消费者互通有无，影响的地理范围也更宽广，甚至可以接触距离非常遥远的消费者。这些消费者受到了线上品牌的影响，进而在以前想都没有想过的地方产生消费。这就是O2O的特点之一，叫作导流增量。

从目前的中小微企业项目来看，很多企业还是更倾向于线下销售，而对线下活动的改进和O2O场景的设计，也只是在线下多增加了无数个扫码关注微信公众号的接触点，认为这就是O2O，就是与时代接轨了。殊不知，真正的O2O是要有成体系的数字化、社交化和移动化意识，例如，数字化就是将企业行为和用户互动进行数字化，提取出各种数字数据，便于后期的跟踪和改善。

会员制管理在线下零售终端很常见。某品牌有很多线下门店，推行会员卡制之后，因为开卡指标的不同，导购员们迫于压力会为同一个消费者办理不同的会员卡，导致一个消费者手里有7张线下会员卡+1张网上商城会员卡。这种情况让消费者大呼吃不消，往往会放弃这个品牌，选择其他购买更便利的品牌。

中小微企业如果选择O2O就不会有这样的事情。因为O2O除了产品外，通过将会员ID打通，将会员信息进行线上线下融合，这就形成了一套会员体系，甚至可以实现和别的企业异业结盟合作，进而围绕消费者提供全方位服务，增加消费者忠诚度，实现企业增值的目的。这就是互联网+O2O的魅力所在。

O2O是什么？业界传闻，马云和王健林有一个对话，王健林认为自己线下实力很强，强调只要线下结合线上就会"如虎添翼"，马云则认为马上进入O2O比较难，他调侃"从没有看到过一只长了翅膀的老虎"。机遇总是伴随着重大风险，作为传统企业转型的突破口，O2O也不例外，它面临着层层考验。

盲目跟风

中小微企业很容易犯的一个错误，是对O2O的期望过高或者说是理解不全面，将O2O规划得框架太宏伟，导致不可落地，不可执行。例如，盲目地规划电子商务的业务量达到多少，或者盲目将所有门店立即转型为O2O体验店，这是非常不靠谱的行为。任何改变都应该先选取部分试水，何况是未能完全理解的O2O。

渠道利益受损

因为O2O转型肯定是要从线上沉到线下渠道，势必要影响渠道利益。因为转型和变革而诱发的不确定因素，如人力的储备和提升、人的意识和能力、相应的新组织和业务、资金费用等等，更有外界的干扰、对手的竞争，这些因素都可能因为O2O转型不当，成为压垮骆驼的最后一根稻草。

过度依赖他人

很多中小微企业过于依赖线上平台，比如淘宝、天猫、微信等等。

这种依赖暂时可能会提供一定的便利，但是因为各种数据均在平台内，而不在你的企业，这对你是非常不利的，简直就等于将部分身家交给了平台，受制于人。

专业人才急缺

O2O是一个新概念，横跨线上线下，此项专业人才很难找。内部人员转型很困难，而新人才的储备又来不及，"空投"来的人才又说不定会含有水分，内部培养的也不见得合格。所以，人才难寻是一个让无数企业头疼的问题。

盲目扩张

站在互联网+的风口，任何企业都想飞起来，以至于有些企业被现实狠狠地摔在地上。本来很多企业做自己的老本行，踏踏实实，兢兢业业，一上互联网，忽然发现自己以前是一叶障目不见泰山，原来自己还可以做这个、做那个，这么做、那么做，然后就开始盲目扩张，以至于企业渠道放大，顾此失彼很可能导致一败涂地。

线上线下完美融合才是王道

互联网+被列为国家战略之后，各行各业统统沸腾了一把。线上庞大的消费市场诱惑着线下企业向电子商务进军，而线上日益激烈的竞争也逼着企业向线下拓展市场。

什么是线上线下？说白了，线上就是通过互联网进行产品销售，线下则是实体店面对面的销售。那么究竟是线上有潜力，还是线下更胜一筹呢？这其实并不是中小微企业要考虑的首要问题，无论是线上还是线下，能给企业带来赢利就是好的销售渠道。

苏宁新闻发言人曾指出："移动互联网技术的进步，推动零售业变革转型的第三次浪潮，即移动互联网支持下的'O2O'模式。线上的便利性与线下的体验功能融合，实现无缝衔接，做到移动互联。" O2O这种商业模式因为其特有的内容共享、多屏互动、跨界营销等特质，又因为其可以为用户提供无死角服务及提升成本效率，成为一种可持续发展的商业模式，受到了广泛的青睐。

线上和线下互相融合结成利益共同体，这样才能为企业带来效益。用户可以线上订购，线下再交钱取货，同时在实体店享受相应的服务，面对面的交流可以让消费者更放心、得到更多便利。

早在2008年，美国著名服装公司Nordstrom就是应用了这一商业模式。该公司通过电子商务平台的库存系统与实体店库存系统的有效融合，推出了线上购物线下取货的服务。在金融危机时，Nordstrom公司电子商务收入6.8亿美元，比前一年增长了8.4%。这充分说明了网上购物店铺取货服务的实效性。

随着移动电子商务时代到来，传统电商如果不转型发展，将会被移动互联网会干掉。电商也是商业，只要是商业就离不开商圈，而发展商圈本质上就是和客户接触。在O2O模式下，线下要做的是在这个商圈中占领主要位置，所以要侧重考虑客户的实际购买力。线上则要考虑物流或者目标客户的成本，建成全互联网的商圈，在抢夺大小屏幕时要着重考虑顾客的惊喜体验。两者相辅相成，两条腿走路，才能走得更远。

百武西女装在淘品牌中一直卖得很好，但也没有忽视线下的配合，其总经理李晓亮说："消费者在哪里，品牌就应该在哪里，所以线下的市场不容忽视。"百武西在拓展线下市场、开展体验式营销方面，有着自己的心得："虽然线上线下营销法则不一样，相对于网店，实体店操作起来难度更大，成本也更高，但是线上线下融合发展，'O2O'体验式营销是未来的方向。"如今，该公司线上线下销售额的百分比已经达到了最平衡的5∶5，而实体店也已经在全国开业了30家。

互联网+的到来，让传统企业面临着历史转折性的抉择。线上线下各有其规则，中国电子商务专家、北京科技大学教授梅绍祖认为，传统企业要顺应潮流向电子商务进军，其中最大问题就是线上和线下渠道上的冲突。想要解决好这个冲突，企业就要将价格和服务进行协调与重新配置，以保证线上线下消费者的感觉是一致的。另外，也是最重要的，线上线下交易系统要实现无缝连接，尤其要保证库存数据库的准确，避免断货，减少不必要的损失。

有很多企业试水线上线下互相结合，结果却不尽如人意。如优衣库曾经让消费者在线上下订单，线下门店取货，然而结果却不尽如人意，原因主要有两个方面：首先，我国配送费用很低，而且用户喜欢送到家里来，并不热衷于上门自提；其次，店面与电商的IT系统并没有有效融合，用户到门店自提货物，需要EC事业部快递到门店，增加了运营成本。这种试水充分说明了优衣库并不适合此种方式，并不是指它线上和线下无法有效结合获利。优衣库后来通过改变和精化服务，还是将线上线下结合得很好。

　　每家公司都有自己独特的商业模式，不能以偏概全都用一种办法进行线上线下结合，下面列举几种不同的结合方法。

线上线下各自为政

　　虽然进入电子商务平台，却将线上和线下分割开来，各自为政却又互通有无。鄂尔多斯就是运用这样的办法来适应互联网的潮流。它不许经销商、代理商上线，而且线上不卖货也没有货更不发货，货都在线下。线上只管接订单，然后由附近门店发货，线上的另一项重要工作是服务用户。鄂尔多斯的线上和线下，没有任何的利益冲突。

线上线下共享会员

　　用户可以在线上领一张会员卡，然后到实体店享受服务。同样，线下的会员也可以到线上享受服务。屈臣氏通过这样的方法，建立会员数据的共享和营销，在为会员进行更加个性化的服务时，也增加了企业的效益。

线上交易线下体验

　　想吃东西，上网搜索甘其食。它在杭州有三百多个店面，全部放到了地图上。只要上网搜一下，就可以很快地在地图上找到甘其食的店面，而且最近店面提供送货上门的服务。这就是体验性消费在线下线上的完美融合。

线上搭桥上门服务

传统的美发店必须有个店面，而店面的最主要作用是让顾客知道这儿有美发师，可以提供美发服务。事实上，美发店的作用只是做了一个中介或者渠道的角色，提供信息而已。为了提供这个信息，必须租一个店面，租金构成了成本的很大一部分。

而线上搭桥上门服务的方式完全可以省掉渠道成本，只需一个APP平台即可实现美发师与用户的连接。一方面把美发师从美发店解放出来，另一方面让客户可以有更多的自由去确定接受服务的时间。

传统的电子商务实际上是将线下的生意搬到线上，但由此带来的线上线下的博弈冲突使传统零售企业非常痛苦。移动互

互联网时代线上和线下结合是必然的趋势，中小微企业要根据自身特点创新性地将两种销售渠道结合在一起，必然能发挥1+1>2的威力。

联网时代，电子商务与零售将会形成共生而不是零和的关系。互联网时代线上和线下结合是必然的趋势，中小微企业要根据自身特点创新性地将两种销售渠道结合在一起，必然能发挥1+1>2的威力。

线上传播如何带动线下销售

因为互联网的传播特性，且线上销售没有物流和仓储成本，也不需要承担营销成本，这些天然优势，重重地打击了线下销售。因为同等产品在线上比线下要便宜很多，淘宝数据显示：网上开店和传统线下商店相比，店主可以节省60%的运输成本和30%的运输时间，营销成本比传统的线下商店降低55%，渠道成本可以降低47%。线上和线下会有20%的差价，这无疑是巨大的差别。

那么，如何利用线上传播带动线下的销售呢？千万不要觉得自己线下生意做得不错就掉以轻心，一个传统企业单靠线上或单靠线下都是不行的，销售无非就是解决两件事：给消费者一个购买产品的理由，并且便于消费者进行购买，越快越好。怎样让消费者在最短的时间里了解并接受产品，这是线上传播的问题；怎样能够让消费者购买得方便舒心，这是线下渠道建设的问题。

随着互联网+的快速发展，线上销售也越来越倾向于为用户提供个性化的、定制化的全方位专属服务。就好比免费送货上门、手机用户专享优惠服务、在线产品个性化定制服务和产品售后维护保养等等。这些优质服务在一定程度上吸引了消费者，更别提线上还配合着各大网站实行全网营销，实现传播渠道的控制。

有这样一个例子，《辣妈正传》这部电视剧第8集中，由孙俪所饰演的妈妈正在使用一个胎心仪，听宝宝心跳的声音。在这个环节播放完以后的两三个小时内，全中国互联网上的胎心仪销售了10万多个。

如果没有互联网，就算有100万人想购买胎心仪，也不可能在这么短的时间内达到这么高的销量，这就是互联网传播的威力所在。

那么，怎样利用线上的传播带动线下的销售呢？当企业定位市场的时候，给产品一个用户迫切需要的理由，然后通过全网营销和广告投放来控制传播，让目标群体以最快的速度了解该产品并且体验该产品，这就是传播的功效了。

某汽车4S店老板范经理一开始做汽车一站式服务，选择在城市的近郊建立大型工厂，从保养、维修、改装、售后到所有汽车零配件都可以加工，定位的主要目标就是奥迪、奔驰和宝马等中高端车系。

通过提供一站式汽修服务，范经理发现了二手车市场的商机。如何让消费者在线下买车时感受到他们不是来买二手车的，范经理的策略是做好线下基础，再线上做好服务。在线上，范经理建立了二手车数据库，然后在汽车之家、微信、微博等平台做了推广，带给消费者一种"二手车比新车更具个性"的理念。

宝岛眼镜将自己3000多家店面打通实现电子商务平台，用户可以在线上购买眼镜获得电子证券，然后可以到店面享受配镜服务。宝岛眼镜因其产品的特殊性，运用的是线上付款、线下服务的方式。如将坐标位置提供到各个网站地图中，线上服务包括预约验光师、送货上门等，然后通过电子商务平台将客户的数据抓取并推送到相应的门店，包括预约。门店人员也会接到提醒为客户提供针对性服务，到了时间门店人员会主动发出友情提示，以免客户自己忘记。

未来的趋势必然是线上和线下相结合发展的，很多线上网站都开始考虑线下发展。如淘宝网就推出了"大淘宝"，开始试水线下销售。那么怎么处理线上线下的关系，又怎么让线上带动线下的发展呢？

首先，因为网络的传播性，中小微企业不妨先把线下销售的库存拿到线上来扫货，减轻线下因压货而背负的库存压力。线上非常适合卖低价商品，且与线下的实体店品牌形象也不冲突。

其次，当一些过时的款式在线下断货的时候，可以将这些款式进行追单，仅仅在线上销售，不会对线下销售产生冲突，还可以提高企业的销售额。

最后，其实线上和线下的目标群体是有很大区别的，线上购买的主要消费者其实是偏重于有钱没时间的目标群体。因此，线上和线下的促销策略可以相对灵活一些，这样一来消费者的覆盖面又广了很多，企业的效益也提升了。

上下闭环，让客户进入你的轨道

O2O是一种先进的表现，但第一个敢于吃螃蟹的人并不见得就懂得怎样吃。很多选用O2O模式的企业都出现了一些困难。O2O平台将用户交接给线下之后，就失去了对这些用户的掌握，完全不知道用户接下来是否进行了消费，更别提收集准确成交数据了。

就好比丁丁优惠，消费者被优惠券吸引进而下载优惠券，只需要在消费时向商家出示就可以获得相应优惠。商家自然知道这些客户能来光顾，是因为丁丁优惠券的原因。虽然丁丁优惠收取广告费，商家收获利润，看似双赢，但如果丁丁优惠发现商家获利颇多，想向商家抽取交易佣金，那么丁丁优惠能知道自己促成了多少单吗？肯定不能。商家自然知道交易量是多少，但是商家愿意跟丁丁优惠分享这些信息，进而从自己腰包掏钱吗？也不愿意。

假如消费者必须线上支付呢？消费的最后一个步骤必须回到O2O平台呢？这种方法就是闭环了。O2O闭环是指两个O之间要实现对接和循环。线上的推广、宣传都是为了将用户引流到线下消费，进行交易。如果只是这样，那只能说是一次O2O模式的交易，要做到闭环，就要用户将线下消费体验信息反馈到线上，或者是消费的最后一步再回到线上。这才是完整的O2O闭环流程。

中小微企业也许不明白为什么非要闭环，在互联网+时代，最重要的是什么？是用户，是数据！闭环以后，每一单的交易情况都会被平台掌握，这些记录长期积累下来，就可以形成大数据基础，不仅可以为商家提供更加精准的营销、宣传、推广，还可以为消费者提供个性化的服务，完全做到私人订制，进而保证用户忠诚度，帮助壮大企业。

中小微企业对O2O最常见的一个误区，就是以为只要应用了微信支付、支付宝，或者第三方支付，就实现了O2O闭环。这种情况只是实现了微信等第三方支付的内循环闭环，而没有实现企业的闭环。因为你没有收到数据，即便收到了钱也不算是闭环。站在O2O的角度，可以将闭环分为三种类型，中小微企业通过这个分类可以进一步对闭环进行了解。

信息闭环

信息闭环，指一个信息发出后，消费者得到该信息，并把这个信息进行分享，通过微信、微博的传播让更多消费者得到该信息，消费者将对该信息的反响反馈到线上，这就形成了信息的闭环。

支付闭环

支付方式越来越多，消费者也倾向于用更多的方法从线上得到更多优惠，如某产品原价多少，如果抢到红包或者优惠券又可以打多少折扣，成交时扫二维码完成支付，支付后会得到确认回执或者电子凭证。这样既满足了消费者贪便宜的心理又完成了一次支付闭环。

关系闭环

关系闭环，顾名思义是与社交有关系的。当消费者对某品牌感兴趣的时候，可以先添加关注，然后再到实体店进行体验和互动，最后对此品牌产生信任以后，会注册会员或者购买产品。消费者对此品牌满意的话，就会推荐给好友，由此口碑宣传，给此品牌带来新的会员、新的关系，不让这些关系流入品牌之外，这就是关系闭环。

通过对三种闭环方式的了解，你大概明白了，移动支付并非O2O的唯一闭环。企业与企业不同，微信支付和支付宝的闭环方式是移动支付，不见得你的企业也必须是移动支付闭环方式。中小微企业要根据自身企业环境考虑自己的闭环方式是什么，因为对闭环的理解不同，O2O模式的最后一步也会不同。支付闭环也可以在线下展开，如线下收银机的扩展改造，可以改造为云收银机来监管支付的情况，保留支付的凭证等。

总之，闭环的意义所在，就是数据的收集。消费者从进入你的企业开始至消费结束的每一步，都要有详尽的数据。如折扣数据、现金还是刷卡、小票等都是基础的数据，O2O的闭环就是为了让这些数据为你的企业所用，而不是流入其他企业。

和传统商业不同，在互联网+时代用户消费不是一次性的，追逐金钱不再适用于这个大数据时代。消费者在消费完成时，已经准确地表达了自己的消费习惯，如现金或者刷卡还是移动的支付、他的消费能力如何、他的喜好倾向于哪类等等。他还向你无声诉说了他的年龄段、群体、当下的需求。将这些数据积累，你就可以提供更为精准的服务，而你的服务带来的是更高的利润率。

O2O闭环就是为了给用户提供一个完整的服务，这种服务是实现持续成交的根本保证。对于闭环，最经典的案件就是腾讯的闭环。

马化腾不止一次强调"腾讯和微信就是要大量推广二维码，这是线上和线下的关键入口"。如他所言，微信扫描二维码已经成为腾讯O2O的代表型应用。无论用户在干什么，逛街、看电影或者是蹲马桶，只要用微信扫了二维码，就进入了他的企业。

马化腾早就说过："如果说过去叫生意，那么现在叫生态，腾讯要确保的，是整个生态环境的良性、健康、可持续。"这个生态圈就是现在的O2O闭环。其实早在2013年年底，腾讯就提出O2O战略：以微信、QQ及公众平台为基础，连接人与商品和服务，打造开放、完整、丰富的生态链。如今"构建以微信为核心的O2O生态圈"这一战略目标也将要完成，O2O闭环已然成为互联网+时代的趋势。

所有的技术都是为了更好地服务用户，大数据时代每个用户都是独立的存在，是一个数字化的存在，数据知道如何为用户提供更为便捷和精确的服务。O2O闭环就是为了让用户享受更贴心、舒适、简化和完整的服务。

最大的曝光，最大的知名度

在如今这个竞争激烈的时代，中小微企业所面临的问题之一，就是知名度不够高。想要开拓更大的市场，首先就要解决提升品牌知名度的问题。人每天都要面临很多个选择，当面对产品无法做出选择的时候，人们最习惯的方式是选那些已经熟悉的牌子，这是一种自我保护的意识，因为未知往往意味着不确定、不安全。

因此想要在互联网+时代占领一席之地，就要让消费者知道你的品牌，知道你的企业。我们已经知道O2O的本质其实是一种传播，企业以互联网为平台，通过网络营销等手段对产品或企业进行推广，让消费者知道有个品牌在卖某产品，而且听说还不错。树立起企业良好的品牌形象，同时达到实现企业自身价值的目的。

21世纪是眼球经济的时代，眼球经济也就是注意力经济，即通过引起受众的注意来创造经济效益。

当互联网+浪潮来临之时，各大移动新闻客户端结合自身特点，与微博、微信、社交网站、视频等合作，实现了差异化竞争。因为人们已经习惯了网上购物、网上阅读、网上支付等电子商务模式。由此可知，网络营销推广已然成为当下各家企业提高知名度的一个方法。网络整合营销在覆盖程度上绝对不亚于任何一家传统媒体，不仅宣传效果比传统营销更有力度，而且投入资本也比传统营销低很多。

在这个时代，互联网已深深融入人们的生活当中，所以网络营销也成为互联网时代最有效最直接的一种推广方式。中小微企业必须选择符合自己特色的网络营销方式，才能快速打开营销渠道，提升企业的品牌知名度，进一步为企业以后的发展打下基础，不至于被互联网+的浪潮淹没。

知名度虽然不会给企业带来直接利润，但却是企业潜在的财产，会给企业带来巨大增值，因为任何产品的销售都是从被消费者熟知以后才开始的。老话说"酒香不怕巷子深"，然而在如今，这句话显然不适合。因此，企业必须投入大量资本去做广告，以期望在互联网上有自己的一席之地。

当下最流行的网络营销方式是什么？是加入广告联盟，广告联盟是企业与互联网的平台。广告联盟一般有成千上万家网站媒体资源，这些网站媒体就像中介一样，从平台接到你的任务，就每天让你的产品广告展示几千万次，最大限度地让你的产品或企业增加曝光度和知名度。

如果将网络营销做好的话，它能够帮助企业获得线上竞争力，凸显出企业产品与其他企业产品的优劣势，进而打动人心，帮助线下完成销售任务，从而完成O2O即线上与线下结合的模式。企业的销售因此而更加稳定、增值。

最著名的互联网营销公司AP广告联盟，专业是做网络广告的研究与发展，它有着非常丰富的网络策划经验，全方位地为企业品牌提供最适合的网络广告投放服务。据了解，AP广告联盟每天的广告显示量高达8000多万次。在我国广告领域中，它的口碑非常好，是中小微企业可以考虑的网络营销推广公司。

任何公司都有自己的长板和短板。在营造品牌的时候，中小微企业首先要做的事情，就是分析出自己的长处和短处，依据自己的核心竞争力，营造出有自己特色的品牌。因为互联网+时代信息更新非常快，中小微企业一定要记住品牌要得到消费者的认可才能进入市场，用户满意的，才是你最需要的。

当你的企业产品被搬到网上之后，你发现它并没有带来什么效果，甚至有人都不知道你卖的是什么。这时候就需要O2O出马了，只有通过线上的活动把消费者带到线下消费才算是完成了企业营销推广的目的。下面来介绍几种方法，帮助中小微企业快速掌握互联网+时代的网络营销推广方式。

第一，产品定位。你的产品卖点是什么？市场有什么样的需求？什么方面还是空白的？你的竞争对手比你有哪些优势？你要怎样弥补自己的劣势？这样做能满足消费者的需求吗？这些都是需要中小微企业分析和包装的。只有分析透彻加上完美包装，才能让你的企业产品不至于被埋没。

第二，营造网络品牌。无论是大型企业还是中小微企业都需要选用最适合的品牌形象，品牌是企业的最好代言。网络营销通过一系列的推广方法，通过品牌让你的企业得到消费者和公众的认可。网络品牌形象可以帮企业维持很久很多的用户关系，得到稳定可靠的直接利益。

第三，做网站推广。访问量是检验网络营销是否有效的基础，因为中小微企业资本有限，做一些大规模的推广活动不是很现实，而网站推广则是中小微企业最好的选择。访问量上去了，知名度自然也就日益攀升了。最常用的推广方式就是设定关键词搜索，选用符合大众搜索习惯的关键词，突出卖点。当然，最好每天都更新网站信息、文章等。

第四，实行网上交易。互联网时代具备网上交易功能的企业网站本身就有无限潜力。你的网站完全可以成为一个网上交易场所。网上销售渠道除了企业本身之外，还有电子商务平台上的商店和其他网站不同形式的合作等，总之任何规模的企业都可以在网上找到符合自己要求的线上销售渠道。

第五，发布信息。网络营销的基本职能之一，就是向社会群体发布企业产品信息。互联网为这一职能提供了非常优越的条件，企业产品信息发布到网上之后，还可以用各种形式的网络营销工具更大范围地传播信息，让更多消费者知道产品信息，进而完成产品最大的曝光。

在通过网络渠道赚取眼球方面，360的周鸿祎可谓是高手中的高手。在360的发展过程中，周鸿祎在网络上与腾讯、阿里巴巴等互联网大佬的骂战此起彼伏，这一场场口水战直接把360推到了互联网一线梯队。

2010年春节前后，腾讯在二三线和更低级别的城市强行推广QQ医生安全软件，QQ医生迅速占领国内1亿台左右的电脑，市场份额近40%。6月，QQ软件附带的"QQ软件管理"和"QQ医生"自动升级为"QQ电脑管家"，并且在没有出现任何提示信息的前提下，就直接安装到了用户的电脑上。更为重要的是，新版软件增加了云查杀木马、清理插件等功能，涵盖了360安全卫士所有主流功能，腾讯这招让360有些措手不及。

2010年9月27日，360推出个人隐私保护工具——360隐私保护器，专门曝光"窥私"软件。同时披露某些客户端软件会在后台密集扫描用户硬盘，并悄悄查看与自身功能毫不相关的文件，如用户浏览历史、网银文件、下载信息、视频文件等等。言下之意，QQ在用户不知情的情况下窃取个人隐私数据，这一消息在QQ7亿用户中引起了轩然大波。

"网络支付不安全""个人信息被泄漏"和"账号被盗取"，一直是最受网民关注的网络安全问题，而网民对"个人信息被泄漏"的关注度一直呈持续上升的态势。因此，腾讯"窥探隐私"的消息被披露后，用户对360隐私保护器表现出了极大的热情和兴趣。

11月3日晚，腾讯通过QQ弹窗宣布，"在360公司停止对QQ进行外挂侵犯和恶意诋毁之前，我们决定将在装有360软件的电脑上停止运行QQ软件。"言下之意：你要QQ还是360，两者只能选一个。

第二天，腾讯联合金山、遨游、可牛、百度再度宣布，如果360一意孤行，坚持欺骗和绑架用户，五大厂商将选择不兼容360系列软件，创造中国互联网史上最大不兼容事件。言下之意：你不选也得选，要不然你就别想用互联网。腾讯的这一举动，用户怒了，周鸿祎笑了，网络上的指责和谩骂之声排山倒海。以周鸿祎为首的360团队和以马化腾为首的腾讯团队在网络上开始了一连串的隔空对骂。

这就是网络上曾火热一时的"3Q大战"。后来，这场"口水战"发展到对簿公堂，当时网民关注度达到了前所未有的高度。酒香也怕巷子深，有了好的产品，如果推广力度不够，这些产品很可能会被埋没。借助360与腾讯诉讼事件的影响力，360品牌知名度得到了最大范围的传播，其旗下的产品也受益其中。

　　中小微企业常有推广费用紧张、广告投入打了水漂等问题，这就需要懂得借势。《孙子兵法》指出，"善战者，求之于势，不责于人，故能择人而任势。任势者，其战人也，如转木石。木石之性，安则静，危则动，方则止，圆则行。故善战人之势，如转圆石于千仞之山者，势也。"意思是说，寻找和创造时机，稍一用力，巨石即可飞滚而下，摧枯拉朽，不可阻遏。中小微企业不妨细心学习一系列的互联网推广技巧，巧妙借势，才能以最小的投入，实现风靡一时的效果。

模式化：
互联网+新战略的落地与可持续

就如著名管理学家德鲁克所言：互联网消除了距离，这是它最大的影响。在生产企业与用户零距离时代，中小微企业如果还期望自己生产的东西就是用户必须使用的东西，那就实在太"out"了！

商业模式化：以用户为中心的赢利模式设计

沃尔玛凭借着"为顾客节省每一分钱，向顾客提供最实惠的商品"的模式建立起了零售王国；亚马逊把"口耳相传"的行销模式转移到网络上做成了美国最大的连锁书店；ZARA在传统的顶级服饰品牌和大众服饰中间独辟蹊径开创了快速时尚(Fast Fashion)模式，创下了服装销售的奇迹。通览财富500强的榜单，每年都不乏通过商业模式创新而取得成功的典型。

凭借商业模式的创新，企业可以形成独特的核心竞争力，进而在竞争激烈的市场中脱颖而出，一跃成为行业领袖。

随着互联网逐步从一个简单的聊天工具、网络工具，转变成不可或缺的生产要素，比如大家耳熟能详的在线旅游、在线房产、互联网金融等等，互联网+模式已经成为大小企业竞相争斗的新常态，越来越多以互联网为基础的新兴业态涌现。中小微企业虽然与互联网日益结合，但显然，需要一种新的战略来增加竞争力。

互联网+的商业发展模式与传统企业的发展模式，最大的区别就是用户模式。所谓无利不起早，传统商业模式以赢利为中心，无利可图的生意基本不做。然而互联网的主要精力就是服务客户，企业所考虑的事情都是与客户有关的。如怎么吸引客户，怎么形成优质的用户体验，如何在拥有一定的用户规模之后，拥有良好的用户忠诚度，之后，再考虑怎么开发用户资源用来赢利。

著名战略学家迈克尔·波特认为，战略促使企业从成本领先、差异化和聚焦三个基本点获得竞争优势。当互联网+将我们身边所有的一切都联系起来，当商业和所有事物都可以联系在一起，它已经在产生颠覆性创新的力量，它可以建立任意连接，它冲破了经济和技术的限制，它拥有改变商业模式的威力。

我们不能再翘首观望，焦急也没有太大改变，制定新的战略，打造新的商业模式才是中小微企业的生存之道！

在这个互联网时代，无论你的商业模式是靠网络推广还是覆盖类营销，都离不开用户的支持。那么"抢占用户"便成为企业发展需求的第一件事，只有在用户都认可你的时候，企业才可以进行消费类和商业类需求的植入，达到以用户为中心赢利的目的。

有一个很普通的台球厅，只有在晚上和节假日的时候生意火爆，平日里基本看不到人。对这种情况老板虽然头疼但也无计可施，毕竟行业就是这种性质的。有一天一个经常来打球的小伙子跟老板商量着，低价购买了白天的空闲时间。

反正白天没有生意，随他折腾去吧，也正好看看他有什么手段，老板这样想。小伙子建立了好几个台球爱好者的QQ群，经常组织群里人低价团购来这里打台球。老板觉得小伙子虽然有点门路，但还是差得远。过了几天，小伙子聘请了美女陪打，又频繁组织台球比赛，"美女效应+技术交流"，加上网络卖力宣传，就这样，台球厅生意好了起来，即使白天依旧火爆。

老板心服口服，将部分股份给了小伙子，让他放开手折腾去。小伙子也的确爱动脑筋，仅一年时间，台球厅又开了两家分店。

在这个人与人之间零距离的时代，小伙子充分发挥互联网的作用，组织比赛、低价团购、网络宣传，将大量台球爱好者聚集在了他的店里。既让用户玩得开心，玩得舒适，又达到了自己赚钱的目的。

老板虽然有眼光很开放，毕竟思维僵化，不懂改变战略发展新的模式，虽然最后结局是喜剧，但若是没有小伙子的出现，时间一长，台球厅的结局可以预见。

在互联网时代，个性化的需求和细分市场不断出现，消费者不仅能够提出自己的想法，而且能够在网上发动数百万网友一起影响企业的需求决策，消费者俨然成了生产者。

Facebook的成功就是因为注重用户的需求。当用户进入Facebook之后，会属于某个群体，或者大学、中学、公司等等。在开放注册之后，某个人也可以不属于任何一个Network，人与人之间靠"好友关系链"连接，也可以建立"群组关系"，当然这是在彼此基于同好等基础之上建立的。就是这种非常简单的用户需求分析，为创立之初的Facebook赢来了上千万粉丝。

中小微企业应该像重视挚爱一样重视用户的需求，用户的数量总是有限的，需求却是永无止境的。因为以前没有互联网+所以很难从线上得知用户的需求变化，而现在互联网+的出现改变了这种发展状况，多样化的需求必须提上议程。

当摆在用户面前的不再是稀缺经济时代的几个稀稀落落的货架，而是互联网上看不到头的产品列表。当用户的个性化需求被大大激发，当大规模的制造变成大规模的定制，甚至是任性的私人定制时，我们应该知道，追求个性化、多样化的消费时代已然来到。

按照IBM商业研究所和哈佛商学院克利斯坦森教授的观点，商业模式就是一家企业的基本经营方法。它包含四部分：用户价值定义，利润公式，产业定位，核心资源和流程。与之相对应的，商业模式创新有四种方法：改变技术模式，改变收入模式，改变企业模式，改变产业模式。中小微企业可以从以下几个方面，摸索出适合自己的商业模式。

管理模式化：企业自我颠覆与组织重构

马化腾说：移动互联网不只是延伸，更是颠覆。拥有先进意识的传统企业已经开始转型，与新兴产业相比传统企业拥有更大优势，如果转型成功，传统企业将拥有超越新兴企业的威力。

传统产业的组织方式、生产方式、商业模式、管理方式等都在互联网的渗透下发生着深刻的改变。比如说传统企业生产出的产品不再寻求"量大"，而改为更加"个性化"，也不再是以产品制造为核心，而是更加注重提供丰富的产品和服务，为客户提供更为全面的解决方案。

正如《消费者王朝：与顾客共创价值》的作者所说：一些传统的企业并非会消失，而充满活力的互联网企业也未必能存活，一种全新的企业即将出现——传统企业与互联网企业交融，即传统企业的互联网化。

互联网时代冲击着传统企业，但是困境往往意味着机遇，只要能够快速融合互联网+这把打破困局的钥匙，就必将焕发出新的活力。而这一切都取决于企业管理进化和转型的速度了。

互联网+是一种新的大趋势，很多企业借助与互联网的融合，发生了脱胎换骨般的变化，犹如涅槃重生。

从事传统制造的持久集团抓住互联网的机遇，采用"互联网+时钟"的模式使时间服务业进入了物联网时代，颠覆了传统行业的产品模式和服务模式，在国内首创了钟联网系统。不仅拿下了全国90%以上的机场、85%以上的高铁地铁和70%以上核电站的时间服务，还输出到30多个国家和地区，打破了欧美国家在"时间同步领域"的垄断。

持久钟表是怎样做到这一切的呢？持久钟表负责人邱旭强对企业的颠覆性变化颇有感慨。"其实早在十多年前，我们就已经开始探索了。在2003年，持久钟表率先将互联网技术应用到时钟领域，通过互联网实现了产品设计、生产、服务全程一体化，使工作效率提高了40%、销售成本下降了30%。"

邱旭强还说："我们利用互联网技术和传感器技术，把我们的钟和全国的钟链接在一起，然后把数据收集起来，在后台做一些分析和处理，这样就可以通过它的规律早预防、早处理，使我们的钟一直运行在无故障状态下。不仅如此，客户也可以自己访问钟联网服务中心，做一些基本的维护和调试，他们通过手机就可以实现操控，非常方便。"

借助互联网，持久集团可以对遍布世界的时钟授时，授时精度达到国际先进水平。邱旭强称："中心母钟接受外部时间源信号，比如GPS或者北斗的同步信号，信号从卫星传送到地面，有一定的延时和抖动，我们通过时间推后补偿技术，可以将时间精度提高到50纳秒。"

邱旭强感慨："可以说现代互联网信息技术极大地推动了传统钟表产业的转型和升级，也触发了时钟行业由产品模式向服务模式的大变革。"

《连线》创始主编、《失控》作者凯文·凯利认为：一家大企业有固定的流程，有比较成熟的流程，就会让其中的产品、研发等限制其中，可能达到某一个高点之后就陷入一个局部优势，缺乏内部创新和把握新机会、新机遇的能力。往往看到的一些创新是从边缘的地方起来，存在自下而上的情况，企业内部也是一样。

正因如此，如果一家企业完全自上而下，说好了怎样前进就怎样前进，那么这样的企业往往缺乏活力，非常僵化。这一点在瞬息万变的互联网产业里非常不利，可能在一年甚至更短的时间里就会被抛下，当发现自己落伍的时候，恐怕为时已晚。

谷歌的执行董事长埃里克·施密特最爱问的问题是：现在和之前有什么区别？有什么变得不一样了？有哪些人们的假设已经不再正确？为什么事物似乎发展得越来越快？一切都因为移动互联网的存在在飞速改变，然而在这个瞬息万变的时代，要掌控未来就必须具有抓住瞬变机遇和敢于拥抱挑战的眼光。

这次互联网+的进化，不是要跟任何竞争产业拼个你死我活的问题，而是要看谁能最快地融合互联网+的问题。这波浪潮正在展现着它对传统中小企业的巨大冲击力。

工业和信息化部总工程师张峰认为：在工业互联网化领域，如果说互联网是人与人、人与服务的连接，那么工业互联网就是机器与机器、机器与人、机器与服务的连接，这将使用户呈几何级数增长。但是，基础必须是传统产业。

《三体》中有句话说得很对，在宇宙中你永远不是最弱的，也必然不是最强的。无知和弱小不是生存的障碍，傲慢才是。

传统企业通过管理转型带动经营转型，通过引进互联网+的思路，对内部组织结构和管理方式大刀阔斧地进行重构，颠覆了常规观点，企业的未来局面瞬时将变得一片光明。

善于固守城池的万达公司，把产业自身的网络资源统统交给电商公司去发展，并且将此项业务列为战略转型五大板块之一。顺丰更是利用"嘿客"便利店，实现了本地服务O2O，可以更好更便捷地服务客户，让客户可以进行商品预购、快件自取、线下体验等。

互联网+的出现使小企业可以短时间内翻身变成大企业，也可以让大企业快速沦为过去式，关键就在于有没有勇气去颠覆传统观念，引进互联网+使其快速与自身产业相融合。

心理学上有一个舒适区的概念，在这

互联网＋的出现使小企业可以短时间内翻身变成大企业，也可以让大企业快速沦为过去式，关键就在于有没有勇气去颠覆传统观念，引进互联网＋使其快速与自身产业相融合。

个区域里，每个人都会觉得舒服、放松、稳定、能够掌控、很有安全感。一旦走出这个区域，人们就会感到别扭、不舒服，或者不习惯。对于企业来说，要实现新的目标，就必须离开原有的舒适区，就必须挑战原有的组织结构、资源范围、管理模式，也就是说必须去构建新的舒适区。不离开原有的舒适区，你就不可能达到新的目标。不过，虽然离开了舒适区暂时会感到不舒服，但若是达到了新的目标，就会有一个非常关键的变化——你的舒适区被扩大了！

在《移动浪潮：移动智能如何改变世界》一书中，作者提出：移动技术和社交网络的合力将在未来10年提升世界50%国家的国内生产总值。它们的影响力将不断增强，并将最终改变商业、工业及整个经济。移动浪潮来袭，互联网+来袭，如果没有做好冲浪的准备，那么你将会被一场从根本上改变世界的巨变卷走。因此，传统企业一定要有挑战舒服区、自我颠覆的行动。

生产模式化：企业要做一名合格的产品经理

在互联网+成为必然趋势的时代，怎么拥有更多的客户，让更多的用户成为自己的忠实拥趸，可以说是传统企业能否成功转型的关键。中国电子信息产业发展研究院院长罗文认为，互联网+的出现必定会引发新的生产制造方式，推进生产制造模式的变革，一种新的生产方式将引领潮流——智能制造。

德鲁克很早就指出：互联网最重要的作用就是零距离。因为通过互联网，用户所掌握的相关信息，不比一些企业的专业人士要少多少，用户因为了解产品，所以更希望能够参与产品的开发、生产，以期望能够得到自己理想的产品。

在互联网+的大潮流来临之际，如果中小微企业还在将所有精力投放在产品的生产上，那么将会被潮流无情地拍打在地上。在互联网+的浪潮滚滚来临之际，在转型与变革的十字路口，中小微企业只有改变生产方式，引进智能制造的方式才能在浪潮中屹立不倒。

罗文说："互联网在制造业领域应用日益广泛深入，将推动生产制造向着数字化、网络化、智能化方向发展。工业信息系统通过互联网实现互联互通和综合集成，将促进机器运行、车间配送、企业生产、市场需求之间的实时信息交互，原材料供应、零部件生产、产品集成组装等全生产过程

在互联网＋成为必然趋势的时代，怎么拥有更多的客户，让更多的用户成为自己的忠实拥趸，可以说是传统企业能否成功转型的关键。

150

变得更加精准协同。工业云平台成为新型生产设施，为研发设计、加工制造、经营管理等生产经营活动提供资源支撑和服务保障，工业生产要素实现优化整合和高效配置。工业大数据应用将贯穿设计、制造、营销、服务全过程，成为生产辅助决策的支撑，更成为企业生产的重要生产要素。"

以海尔集团的生产线为例，据了解，海尔的佛山工厂采用了全程订单执行管理系统，装配了4300多个传感器、60个设备控制器、200多个RFID，全面实现设备与物料互联、设备与人互联、设备与设备互联，从而构建了以用户为中心的大规模个性化定制模式，最终促成首批50万台用户参与定制的洗衣机正式下线。

海尔的这批洗衣机具有跨时代的巨大意义，因为我国今年不仅制订了互联网+行动计划，也要实施"中国制造2025"，并且着重提出将互联网、云计算、大数据等与现代制造业结合。所以，海尔的生产模式的转变，给我国智能制造带来了非常好的影响，也让众多企业对互联网+更有信心。

个性化定制是这个瞬变的时代中最流行的一种概念。然而实际执行则不是看起来那么简单，主要是因为它需要贯穿企业所有的供应链和制造环境，从消费者提出个性化的需求开始，需要考虑企业的柔性设计、敏捷计划等，还要协同供应链，然后再开始智能制造，最后就是产品建议、进度跟踪、质量追溯等等方面。

因此，当企业开始个性化定制的时候，企业就不再是一个高高在上的给予者，而是一个服务者，为客户定制产品服务、监督、制造等，就是一个产品经理。

在2012年举办的"信息化与工业化融合成果展览会"现场宣传片里我们可以看到个性化定制的身影。

王先生家里想要买一辆汽车，于是全家人开始集体讨论，并且通过网络了解了汽车的每个部件构造和功能。他们登录网络用户界面不断地将自己个性化的想法加入"模型"。最后将这个"模型"通过企业交互平台提交给了汽车制造商，制造商开启了智能生产模式，通过柔性生产线将"模型"变为现实的汽车，完全合乎王先生家的要求。对于生产和配送过程，王先生则完全可以通过客户端查询，随时随地查看产品进程，当汽车交付使用时，王先生全家都满意地笑了……

这则宣传片的主题叫作"梦想"，如今这个梦想已然不再是梦想，在互联网+时代，故事的主角已经从汽车变为洗衣机。海尔集团第一批由用户参与定制的洗衣机正式下线，标志着海尔集团正在从传统的大规模生产向大规模定制转变。众创模式（多用户参与）和用户个人定制模式是海尔如今的主要生产模式之一。

在生产企业与用户零距离的时代，中小微企业如果还期望自己生产的东西就是用户必须使用的东西，那就实在太"out"了！为了避免"落伍就要挨打"的窘境，我们必须要打开思路，让企业做一名合格的产品经理。

为满足用户个性化需求，定制模式可分为两种：

第一种，参与定制模式。用户可以全程参与定制环节，只要产品还没有最终定制下来，都可以让用户提意见随时做出调整，目的就是最大限度地满足用户个性化需求。

第二种，有限定制模式。给用户一种模块化的菜单列表，面对种类繁多的产品，用户更希望可以将其重新排列组合，衍生出新的产品种类。有限定制模式既能满足用户需求，又能不涉及产品本身的环节定制。

营销模式化：大数据营销、社群营销、内容营销

在当今互联网时代中，营销环境有三个特点：移动化、碎片化、场景化。人们已经不需要在固定时间到固定场所去消费，可以在任何时间任何地点，随心所欲地购买任何需要的东西。

因此，用户碎片化的趋势就产生了。从消费地点、消费时间到消费需求，都已经变得碎片化。如果现在通过移动互联网在你手机上推送广告，可能你无意中就会记住这个广告。

虽然营销这件事看上去头绪万千，但只要针对营销环境做出相应转变，中小微企业完全可以在互联网+的大潮流中平安过渡。传统的营销模式必然要被淘汰，企业若是想可持续发展，就要改变营销战略，

才能让企业转危为安。有三种营销手段是必须要掌握的——大数据营销、社群营销、内容营销。

大数据营销

随着互联网+的趋势，多元化大数据呈爆发式发展，如何使大数据所蕴含的价值最大化，让大数据为我所用，成为中小微企业所面临的首要问题。

大数据营销主要分为两个方面——数字品牌和效果营销。传统企业的数字品牌如知名度、美誉度等仅是一个基础，这里更重要的是品牌与消费共同产生出来的数字化价值，通过进行有效的导流和销售，达到实现数据商业化的目的。

当前，大部分企业并不缺少数据，影响决策的最大问题是数据太多且碎片化，不知道如何下手。信息部门只有把这些数据库打通、连接、共享，才能够最大化数据价值，给决策者提供最有力的支持。

比如，某个新产品要推广，就可以利用大数据来整理用户需求，进而设计出新的产品，而这些参与新产品的消费者就是最原始的购买群体，这样某产品的销售渠道就打开了。大数据营销不仅起到了一个连接社交平台，精准抓取用户的作用，而且通过数据整理，提炼大众意见去做产品，完成了社交平台营销中的最基础环节。

社群营销

现在的消费主力是"80后""90后"，他们的消费观、消费权利乃至于消费话语，在整个商业圈里产生着深刻的影响。因为他们接受了市场经济化、全球化和互联网进程的洗礼，因此他们的观念与老一辈迥然不同。腾讯QQ发布的《中国"90后"青年调查报告2014》显示，"90后"是具有强烈社交需求的一代人，因此各种社交工具火热流行。

社群营销主要就是针对的这些人。一个社群中，仅仅几个人，甚至是一个人发出的声音，就能迅速地成为100人、1000人、1万人或者2亿人的共同声音。生物学家和社会学家早在几十年前就知道了这个原理。就好比一条鱼突然窜动就能带动整个鱼群转向食物或逃离危险一样，如果我们知道了满天飞的谣言是如何传播的，那就对未来的营销战略，即社群营销有了一定的了解。

全球最大的广告公司之一恒美广告公司总裁——查克·布莱默在他所写的《点亮社群》中这样描述社群营销："社群的行为方式就像我们的祖先围坐在篝火前一样，每个人都受着相同的影响。所以当有人在某个在线评论网站上发表一个观点，或某个流行乐队在网上发布他们的新专辑时，就会触发整个社交网络的连锁反应，这种反应来得既突然又完全在意料之中。这种新型数字社群的本质在于个人的力量及群体的力量。

"群体互动这种营销手段要比宣传产品高明多了。这些社群会成为你公司的一部分，而你也会慢慢渗入这些社群的生活。这些公司的做法非常直接，例如一家玩具公司就曾邀请它的消费者来帮助设计它的下一个产品套装。而有的公司则采用虚拟的营销手段，例如在《第二人生》的数字世界里为某位客户举办一次派对。总而言之，我们都是在从产品营销向真正的品牌族群战略转型。"

内容营销

什么是内容营销？营销的是产品，跟内容有关吗？在互联网时代，产品就是内容。比如杜蕾斯的"光大是不行的，薄是一定要出问题的"，酷炫的广告内容吸引了一大批粉丝。小米手机的"一块钢板的艺术之旅"足以让米粉们心跳加速尖叫不已。

随着各种传播内容的软件更新换代层出不穷，内容营销正在产生飞速的变化和发展。中小微企业要紧跟变化的脚步，顺应消费者的偏好才能事半功倍。当务之急，学会几种变化会令你的营销效果达到最佳。

第一，人更相信自己的眼睛。

从过去的情况看，互联网用户对图像、视频和图形越发钟爱。视觉内容比纯故事文本更加受到用户的喜爱，内容营销将迎合这一喜好。这是一种趋势，因为视觉内容在讲述一些产品或者品牌故事的时候比文字要更加形象化。这一趋势说明，视频和图片的重要性将会再次升级。

第二，评估测试更受宠。

经过对行业从业者的分析发现，大部分人恋上了评估和测试这种网络工具。它们比单纯的算命要丰富得多，五花八门的种类引起了人们的好奇和新鲜感。这种AB选项的测试非常容易，而得出的结果也是非常精细的。因为其简单，所以非常好掌握。

第三，社交媒体水乳交融。

大家可能早就发现内容营销与社交媒体已经紧紧交织在了一起，但是在2015年，内容营销和社交媒体很可能变得没有界限，彼此水乳交融成为一体。精明的市场营销人员明白，社交媒体给内容营销提供了多好的机会，只需要分享、点赞并且与内容互动，一些发展中的企业的品牌就能被大家熟识。

背后的力量：
寻找新的资本支撑

马克思曾经指出："假如必须等待积累去使某些单个资本增长到能够修建铁路的程度，那么恐怕直到今天世界还没有铁路。但是，通过股份公司融资，转瞬之间就将这件事完成了。"向社会筹集资金，用筹集到的资金扩大再生产，谋取更多的资本，这是许多公司赖以生存和发展的必由之路。互联网时代，筹集资金的渠道多了一个，那就是"众筹"。

互联网+一点儿也不省钱

我曾经问一个中小微企业家："你准备每年投资多少到互联网转型上？"他回答："十几万。""那你想达到怎样的效果？"他回答："营业额提升50%以上。"面对我诧异的眼神，他补充道："不是说互联网花钱很少吗？"

很多企业家都以为互联网是一个缩减成本、不用投入多少资本就可以运作的平台，这其实是一种错误的观念。互联网+的到来不但改变了生产方式，也改变了金融和资本的关系。当移动支付取代传统支付业务、P2P小额信贷取代传统存贷款业务，我们应该明白，互联网金融时代的到来，加剧了各个行业间的竞争力度，想要获得市场垄断碾压对手，就必须懂得互联网资本逻辑。

当你的竞争对手具备的条件与你不相上下时，如果你有满足用户需求或者爱好的资本力量，你便具有碾压对手的杀伤力。而此时，你的用户粉丝数、市场规模和估值都会得到大幅度的增值，你就可以继续获得绝对性的竞争优势。这种碾压式的力量，足以让你的对手再无还手之力。你是胜利者，这一切都是因为背后有资本的支撑。

所以，不要觉得互联网+是个省钱的活计，它需要的资本比你想象的还要多。世上从没有白吃的午餐，要在互联网时代中屹立不倒，首先就要改变你的观念，不要抱着占便宜的心态省钱，要知道互联网+也是需要资本支撑的。

什么是资本运作，资本运作就是以资本增值最大化为根本目的，对企业的价值管理和资本进行优化配置与调整，达到实现资本增值最大化的目的的一种经营方式，它可以让企业快速实现低成本资本扩张。这种资本力量，可以改善企业资本结构，满足企业对资金的需求，从而取得成功。

提到打车软件，人们想到的是滴滴、快的，却不知道，第一个做打车软件的叫摇摇招车，因为它的背后没有雄厚的资金支撑，最后被市场淹没了。

而快的和滴滴同一时间做了同一件事情——补贴！当没有资本投入的时候，

要在互联网时代中屹立不倒，首先就要改变你的观念，不要抱着占便宜的心态省钱，要知道互联网＋也是需要资本支撑的。

两方都老老实实按部就班地进行市场推广，司机和用户都不算多。但是，当资本参与到游戏中的时候，司机和用户瞬间迅猛发展起来，在非常短的时间内发展成了一定规模。这个时候如果只有一家公司获得融资并且对司机和用户进行补贴的话，那么必将是一方做大的结局。

显然双方都知晓其中利害，为了取得最终胜利，两方都没有罢手的意思，硬碰硬地撞击结果是，每家公司一年内烧掉几十亿元，一天最多烧掉4000万元。到最后除了这两家公司，其他打车软件全部湮灭在历史中。这种结局在意料之中，资本运作的力量由此可见一斑。

至于打车鼻祖Uber，它进入中国后产品和服务简直可以说是一流的，用户的口碑也是非常好。然而面对快的和滴滴的高压竞争，Uber也不得不补贴用户，想方设法发展用户，因为不补贴的结果就会如其他打车软件一般，成为历史里的一粒灰尘。尽管它的产品和服务是那么到位，然而现实总是残酷的，再好的口碑面对利益挑战时，也只会黯然失色。

这也是互联网+的残酷之处，因为在这个时代只有站在大多数用户的角度思考问题，投其所好才能赢得大多数用户，要不就是竹篮打水一场空。

如果企业要做一件事情，假如按部就班地来进行，要取得里程碑式的成绩，大概需要两年时间，要花掉500万元，但是当拥有更多的资金后，一年时间花费1000万元就可以实现。在这个时间就是金钱的时代，速度意味着规模优势与估值空间。一年的发展优势可以完成逆袭般的成功。从资本的角度来看，一次性付出多一半的资金成本减少一半的时间成本，那么得到的将是项目估值成倍的增长，现实收益一目了然。

互联网时代的金融资本，因为具有更强的流动性，所以成为企业集团优化资源配置、实现跨越式发展必不可少的重要工具。而想让企业壮大或多元化发展，那就更需要资本来打开市场，靠金融平台在互联网+的大环境中开拓。

红豆集团立志打造"智慧企业"。红豆集团中国纺织材料交易中心总经理郭建军表示，红豆集团在很早的时候就开始资本运作，提高知名度和影响力。到了2008年间，更是开展了产融结合的新道路，成立了红豆财务公司，改变了资金分散的情况，实现了资金集中管理。到了2014年，红豆投资有限公司成立，并且勇敢地涉足商业银行、担保增信、人寿保险、私募基金、投资管理等多个领域，在时代的潮流中保持了领先地位，实现了产业和金融资本的结合。

红豆集团利用互联网建成了第三方电子交易平台——中国纺织材料交易中心，还有一站式服装网购平台——红豆商城。而其所建成的中国面料馆网络平台，则是趋向于服务化，主要用于流行面料和辅料的博览、展示、采样，为客户提供了更加专业化、系统化和低成本高效率的服务。

郭建军说，互联网+是新常态经济下的必然选择。一家企业单依靠产品质量和服务进行品牌建设已然不够，还必须依赖社交体系和大数据体系的信用经济体来让广大用户熟知。当直接融资模式得到了大众认可，互联网跨主权的信用货币悄然形成一股龙卷风，这一切都表明我们正处于一个互联网金融时代。

在这个时代，网络企业可以在资本市场上风光无限，只因为它有一个新奇的概念。生物企业没有赢利的项目却可以在股票市场上纵横捭阖。传统产业没有技术上的压制手段，却也能够在货币市场华丽转身为高科技企业。没错，资本已然成为这个时代的主角。

小企业要养成众筹思维

马克思曾经指出："假如必须等待积累去使某些单个资本增长到能够修建铁路的程度，那么恐怕直到今天世界还没有铁路。但是，通过股份公司融资，转瞬之间就将这件事完成了。"向社会筹集资金，用筹集到的资金扩大再生产，谋取更多的资本，这是许多公司赖以生存和发展的必由之路。互联网时代，筹集资金的渠道多了一个，那就是"众筹"。

所谓"众筹"是你有创意和梦想，但是缺乏资金，你发动认同你想法的普通大众给你提供资金、提供帮助。曾经有资深媒体人说："我们的创业比赛过去都是为了VC和天使投资对接举行的，但是现在创业已经众筹化了……如果没有互联网不能达到这个效果。"

在互联网+的大环境下，融合了互联网基因的众筹平台对中小微企业有着更多的帮助，原因有三。

首先，传播性强。企业可以将企业愿景展示到很多人面前，而看到的每一个人都有可能成为分享信息的新节点。从理论上来说，让全世界看到你项目的愿景并不是不可能的。

其次，具有互动性。在互联网时代只要你的项目够吸引眼球，那么就可以在众筹平台上分享项目进展，对项目感兴趣的人可以和你展开讨论，进而保持较高的黏合度。

最后，效率高。因为互联网信息零距离，你不用担心像传统路演一般，费半天力气只能接触到极少的投资人。如今，你的项目计划每天都会被上万人看到，同样，投资人更可以从成千上万个项目中选择他所感兴趣的。

网信金融集团CEO盛佳，也是众筹网创始人之一，他说："现代众筹是指通过互联网方式发布筹款项目并募集资金。待筹款项目成功后，项目发起人将会给予支持者对等的回报。回报方式可以是实物，也可以是服务。"

互联网+的到来对传统企业造成了巨大的挑战，中小微企业想要在如此大的环境中分一杯羹，无疑是难上加难。面对各个行业因资本力量带来的冲击，众筹无疑是中小微企业的利器，因为只有拥有众筹思维，才能有资本与竞争对手一战。

2014年6月，一款"房宝宝"产品引起了广泛关注。这是团贷网推出的一款众筹买房产品。操作原理非常简单，就是从中信御园项目预定了一批房源，然后通过互联网募集购房资金进行购买。等到房子经过转手出售之后，所得到的资金根据众筹者的投资份额进行分配。由于是以低于市价的价格购买的房源，因此在网络上备受关注与热捧。

据团贷网介绍，"房宝宝"的首次众筹目标是1491万元的别墅，而达成这一目标总共用了22个小时，共有443人参与了此次众筹。第二套1800万元的目标，则只用了惊人的9小时即众筹成功！共有630人参与这次众筹。团贷网CEO唐军说，他们的房源比较多，是按市价打七折的低价购买的。也就是说，如果房子在一年以内哪怕是以原价卖出，那么收益也是非常可观的。

这种凑钱买房源，等房子升值后再卖出去，进而从中得到可观回报的做法，就是广为人知的众筹方法。对于资金匮乏的中小微企业，这种做法非常可取，在这个资本影响竞争力的时代，是中小微企业增强战斗力的好方法。

世界银行最新发布的《发展中国家众筹发展潜力报告》说明，全球45个国家的众筹模式产业已经达到数十亿美元。预计再过10年即2025年，我国的众筹规模有望达到460亿至500亿美元，全球的众筹规模则可以达到900亿美元。

众筹的发展前景非常远大，它的宣传语是"你的梦想大家帮你实现，人人都是天使投资人"。无论是创业还是投资，众筹可能会覆盖生活的方方面面。在互联网+时代，人们更倾向于通过网络发布筹款项目和募集资金。因为众筹的开放性，所以能否获得投资也不再由项目的商业价值决定。

那么，什么样的人最受投资者青睐呢？我们可以看看有着投资人身份的雷军的做法。

雷军习惯问创业者这样一个经典问题："假如太阳从西边出来，你能否做到市值10亿美金的规模？如果你能做到，我送你1千克黄金。如果不能做到，就别来找我了。"业内人称之为"雷军金砖"。

2008年9月傅盛离开360后，很多互联网公司邀他加盟，可是打工了这么多年，傅盛觉得自己也该展开翅膀起飞了，他决定独立创业，建立属于自己的梦想伟业。当时，他并没有多少积蓄，而且正赶上金融危机最严重的时候。

当他找到雷军的时候，雷军就问他："如果你拿不到投资还会不会创业？"

傅盛很肯定地说："我们已经下定决心了，就是拿不到一分钱的投资，我们也准备自己干。"

接下去的问话，更让雷军惊诧。当雷军问他有多少本钱的时候，傅盛说他和合作人一共有20万元。就这点钱，在北京要养活至少8个人的团队，还要租房和各种开支，还打算做一年！这简直是痴人说梦！

雷军在傅盛的脸上看到的是"认真"二字，于是他就继续询问傅盛打算如何撑一年。

傅盛认真地说出了他早就盘算好的详细规划：租一个3000元一个

月的便宜套房，市区找不到就到郊区；工资他和合伙人一分钱不拿，每月给员工1000元生活费；公司管饭，请一位阿姨做菜，月薪2000元；电费、水费、打车费等日用开支，一年6万元搞定；服务器带宽是跟朋友借的，剩下的钱买电脑足够。

雷军听完傅盛的计划，当下就决定帮助他。见过太多有能力的人，但是真正有决心和毅力的，真正有创业精神的，雷军第一次见到；敢拿20万元就扬言创业的人，雷军第一次见到。更多人面对这点钱会显得底气不足，纷纷采取边打工边创业的路子，而傅盛置之死地而后生的决绝和执着深深打动了雷军。

如此为梦想而燃烧的人，正是雷军一直青睐的人，投资给这样的人，他心甘情愿烧钱。站在投资人的角度，他肯定更愿意把钱投给有梦想、有追求、有决心的人。因此，中小微企业在争取众筹的时候，一定首先要做好自我建设。

《众筹思维——打造中小企业融资新模式》的作者大卫华老师说："众筹不仅仅讲的是互联网筹资，而是要建立一个圈子，其面向中小型企业，采取会员制的新模式。众筹，是筹人、筹渠道、筹未来；众筹，玩的是跨界，玩的是资源，玩的是圈子。集众人之圈子，集众人之渠道，集众人之梦想。"

众筹的网站作为投资人和企业的平台，提供了多方式和类别的筹资，如设计、科技、音乐、影视、食品、漫画、出版、游戏、摄影等。只要有用户感兴趣的项目，都可以通过众筹来获得资金，众筹方式为中小微企业提供了更多的发展机会。就如马云说的那样，梦想还是要有的，万一实现了呢。

利用朋友圈圈住"土豪"

微信朋友圈为什么火？因为首先，它圈住的是人脉。按照"朋友圈"字面上的意义解释，它里面有着你的朋友、你的贵人、关键时候能拉你一把的人。

比尔·盖茨就是成功的人脉经营大师。创业之初，他懂得利用自己亲人的人脉资源。因为比尔·盖茨的母亲是IBM的董事会董事，所以在比尔·盖茨还是大学生时，就签到了第一份合约，钓到了IBM这条大鱼。

其次，利用合作伙伴的人脉资源。保罗·艾伦和史蒂芬不仅为微软贡献了他们的聪明才智，也贡献了他们的人脉资源。比尔·盖茨说："在我的事业中，我不得不说我最好的经营决策是必须挑选人才，拥有一个完全信任的人，一个可以委以重任的人，一个为你分担忧愁的人。"正是因为比尔·盖茨借助别人的关系和能力，他顺利攀上了成功的巅峰。

如果说资金是一种有形资本，那么还有一种无形资本——朋友！斯坦福的一份调查显示：一个人赚的钱，12.5%来自知识，87.5%来自朋友。你可能经常苦恼，为什么自己拥有天时，占据地利，做的行业是当下最火爆的行业，可是依旧没办法做大，甚至没有办法保持不亏损的状态。对，因为你忘掉了人和！人和就是你的朋友，你的社会交际关系网，有了人和即使你的产品没有特色，服务质量也不算高，但是你仍然可以保证企业正常运作，这就是人脉的力量。

互联网+让人脉关系凸显出来，每个人都有自己的朋友圈，这里面说不定就有你的贵人。美国有句名言：一个人能否成功，不在于你知道什么(what you know)，而是在于你认识谁(whom you know)。你的人脉，决定了你的钱脉！所有的成功人士，都将朋友圈视为自己最重要的财富，他们经常高效运用朋友圈，以达到事半功倍甚至十倍百倍的效果。

比尔·盖茨说："朋友的广度决定人生的高度，关系的层次决定人生的地位。" 想要用朋友圈圈住"土豪"，让他成为自己的潜在资本，首先就要扩展朋友圈，认识更多的人。如果我们每天只生活在既定的圈子里，那么在圈子里的贵人肯定是屈指可数。只有拓宽交往渠道，扩充人脉网络，积极参与一些社交活动，才有机会去结交更多的贵人，总有那么一两个"土豪"认同你的产品，愿意为你注资。

在西方，如果去酒会或婚宴场合，大家在出发前都会先吃点东西，并且提早到现场，以便可以认识更多陌生人。但是，在东方华人世界里，大家在这种场合都会有些腼腆和害羞，都尽量准点到达还会寻找认识的人交谈，甚至好朋友约好凑在一桌，以避免和陌生人交谈。因此，尽管很多社交机会都在身边，但我们总是任其白白地流失。

战国时期有位孟尝君，他门下三千多门客，素有广纳贤才的称号，但他的门客在世人眼中大多数是地位卑微且没什么才干的鸡鸣狗盗之辈。其实，孟尝君不是施舍天下士人，只是他眼光独到，认为在乱世之时，每个人都有自己的才能和用处。果然，后来这些"鸡鸣狗盗之辈"帮了他的大忙。

朋友因为互联网+而变得更多。这就是一座金矿，如果你认识到了这一点，有意打造自己的朋友圈，那么当你需要的时候，总有那么几个人站出来欣赏你的项目和产品，他们会是你背后最有力的支持和资本。

王浩的生意正在向国外发展，他的身家已过千万。他的成功就是朋友的功劳，自大学毕业后，靠着朋友推荐他去一家珠宝公司任总经理，在工作期间他又认识了很多朋友，因这些朋友大多都是在上海的香港人，后来他在这些朋友的介绍下加入了中国香港（地区）商会。因其人缘好，很快就被众人推荐当上了上海地区的副会长。站在这个平台上，他很容易接触一些香港的成功人士，这给了他很大的帮助。

有些朋友推荐他投资房产，当时上海的房子正是火热的时候，很多时候即便排队都买不到房子。但王浩在朋友的帮助下，不但很容易买到房子，而且还是打折的。房子升值后，他又在朋友的建议下，陆续把手上房产变现，收获了很大一笔财富。

王浩说自己的资产已然超过八位数，而朋友有三四千个之多。他自己也说，没有朋友，他的事业做不到这么大，事业这么顺利就是因为有朋友的帮助。无论是介绍客户还是业务，或者是开公司，朋友们有什么好主意都会想到他。

朋友是世界上最珍贵的资产，也是取之不尽，用之不竭的。我国是人情大国，人际交往在互联网发达的今天就更加重要，人际关系的广度和深度决定了你的前景，朋友圈已然不可小觑。

随着社会步伐的加快，人们的生活越发忙碌，疏忽了旧有人际关系的维护。天长日久，许多原本牢不可破的关系就会变得越来越松散起来，直至淡漠忽视。互联网虽然让我们拉近了距离，但是好像每个人都各顾各，很少交流互动，以至于朋友圈里也是死气沉沉的。这样的圈子，即便是有"土豪"，也会被忽略吧。

建立新的关系固然重要，但老朋友之间的关系同样需要维护和经营。平时抽出空闲来要多与朋友联系，在合适的时候要进行拜访，以便培养感情。交朋友最忌讳功利性，朋友间每一次往来不能以利益来估价。友情是需要慢慢培养慢慢积累的，只有这样的朋友圈关系才能够持久稳固，才会在你有需要的时候伸出援手。

缘分来之不易，珍惜你的朋友圈资源吧，即使你很忙也应该常联系，朋友圈牢固的话，往往付出一份努力，就可以得到数倍收获。可能你的企业竞争力不够，没有关系，有朋友圈呢，你的朋友会帮你增加竞争力。

需要强调的是，对待朋友，真诚最重要。所有的人际交往手段、技巧都应该是建立在真诚交往的基础之上的。没有人愿意被欺骗，当你带着欺骗、虚伪和敷衍去交朋友，只会引起朋友的反感。只有发自内心的真诚，才能更容易被人们接受。

每个人都希望能够得到别人的承认，以此来证明自己的价值，渴望别人能够喜欢自己，接纳自己。正是因为这个心理，所以在人际交往中，人们更注意自己的自我表现，注意吸引别人的注意力，处处期待别人首先接纳自己。这种方法实际并不可取，我们应该学会做一个聆听者，而不是表演者。从自我单方面出发交际只会影响对方的心情，容易引起对方的反感。

扩大投资方的接触面

互联网+的出现，令投资市场一片火热，这对于急需注资的中小微企业无疑具有极大的吸引力。投资方从来不是什么傻子，他们的投资对象是一些极具市场潜力的优质企业。那么你的企业是他们考虑的对象吗？

投资者的心理其实非常简单，就是他们出钱，然后你再给这些钱找出路，还给他们更多的钱。怎样才能让企业成为可以为投资者赚钱的企业呢？怎么才能让他们放心地将钱交给你呢？

　　首先，是要让对方对你有信心，这就要看你原有的信用记录、工作方式、态度等方面的表现了，只有让对方有认同感，觉得你可以信赖，他才会继续考虑投资你的公司。其次，是要对自己的公司有信心，对方有专门的方法对技术、产品、财务等进行评估，但是最重要的还是你自己对公司的态度。最后，你得想办法让自己的企业具有竞争力，能在同等条件下的企业中脱颖而出。

　　互联网最多的是什么？是信息种类，庞大的信息系统应有尽有，小到针线买卖大到国家大事，怎样将这些信息为我所用呢？任何企业在单项产品方面，如果你和对手旗鼓相当，并且你无力再提升一级，那么，你就可以试试利用互联网扩张其他能力种类，也许你就能够发现一个更为广阔的市场。

　　赵武开川菜馆起家，他的菜特别能够满足一些喜欢川菜的人的胃口，生意兴旺之下一路开了六家餐馆。王六的川菜馆原本在赵武家对面，因为口味不及赵武，生意越来越不好。王六没办法从口味上击败对方，但是王六好动脑筋。他细心地观察发现周围的人喜欢川菜的并不多，于是他将餐馆重新改装，经营多种菜品，对这些菜品满意的人数超过喜欢川菜的人数。而且因为菜品的价格高于川菜，很快王六就生意兴隆起来。随着周边的商业发展，王六的资本越来越雄厚，很快他就用远高于赵武的租金将赵武的店面盘了下来。虽然赵武没有做错什么，但是他输了，王六赢了。

这便是降维攻击，王六通过提升自己的维度降低了赵武的维度，让赵武的维度低于自己，于是他赢得了竞争。中小微企业必须快速适应互联网+的环境，尽快从中找到可以提升自己的产品项目，想在社会竞争中占据有利的位置就必须顺应潮流提升维度。

　　你可能要说，专一做一种别人没有做过的产品，并将产品或者项目做到极致，这样也是一种成功。并且不需要考虑其他事物，岂不是更加容易。的确，如果将一种产品做到极致，那么它必定会独占市场。然而，对于中小微企业来讲，这种做法难上加难，因为一些大企业是不会允许你做大的。

　　你若是想做大就离不开资本的支撑，在大企业虎视眈眈的情况下，你的投资人会顶着压力继续在你身上投钱吗？他不怕赚不回本吗？在竞争激烈如斯的今天，修炼途中被别人K.O是分分钟的事情。因此，中小微企业必须拿起互联网的武器，及时了解各种信息，触类旁通地提升自己企业的实力。提升自己的维度，就等于降低了别人的维度。给投资人多个选择，多个接触点，让投资方看到你的价值，这才是发展壮大之道。